스타벅스는 왜
중국에서
유료회원제를
도입했을까?

스타벅스는 왜
중국에서
유료회원제를
도입했을까?

요우커를 넘어 중국 소비자와 시장을 공략할 50가지 팁

에구치 마사오 지음 | 장은선 옮김

차례

제2장 중국 기업은 어떻게 비즈니스를 하는가?

중국 기업과의 비즈니스에서 성공하는 기술

093

베짱이가 아닌 개미가, 토끼가 아닌 거북이가 돼야 한다 | 화장하는 심정으로 첫인상의 강렬함을 연출하라 | 누구나 사는 것보다 파는 것에 관심 있다는 것을 역이용하라 | 국영 기업보다는 민간 기업과 손을 잡아라 | 'take'를 원한다면 먼저 'give'를 하라 | 일부러 빚을 만들어서라도 상대와의 거리를 좁혀라 | '물건'과 '사람'을 움켜쥐고 상대를 붙잡는다 | 눈에 보이는 성과가 없다면 프랜차이즈는 없다 | 중국 기업의 상식과 당신의 상식은 다를 수 있다 | '6월이나 7월', 조금은 애매모호한 납기일 | 장사와 사업에서 100% 신뢰는 존재할 수 없다 | 천 개의 지점이 있는 패밀리마트가 적자? | 맞바람에 저항 말고, 바람이 등을 떠밀 때 올라타라 | 가장 비싼 통역은 그 이상의 역할을 해낸다 | 앵그리버드가 오히려 가짜 업체와 손잡은 이유는? | 원가 전쟁에서 패배하면 그냥 떠나는 게 좋다 | 고품질과 높은 가격으로 승부하는 시대는 끝났다 | 덧셈이 아닌 뺄셈으로 승부하라

제3장 중국 직원은 어떻게 일을 하는가?
중국 직원의 능력을 최대치로 끌어올리는 방법

중국만의 상식을 아는 것부터 시작하라!

상식과 비상식은 나라마다 다르다

텔레비전이나 신문 등, 매스 미디어에서 중국에 대해 설명하는 것을 듣고 있으면 온통 우리의 상식으로는 이해할 수 없는 것들뿐입니다.

- 빨간불임에도 불구하고 멋대로 길을 건넌다.
- 지하철에서 휴대 전화로 큰 소리로 통화하면서 떠든다.
- 물건을 납품받고도 약속대로 대금을 지불하지 않는다.

하지만 반대로 중국인의 입장에서 보면 이런 상황이 오히려 비상식적일 수 있습니다.

- 차가 거의 다니지 않는 길임에도 빨간불이라는 이유 하나로 5분 이상을

기다린다.

- 급한 용무가 있는데도 지하철이라는 이유 때문에 통화를 하지 않는다.
- 불량 채권이 반년이나 회수되질 않았는데 상대방의 말만 믿고 대금을 치른다.

이건 누가 옳고 그르고의 문제가 아닙니다. 물론 좋고 나쁘고의 문제도 아닙니다. 그저 상식이 서로 다른 것뿐입니다. 각자의 나라에서 그 나라의 상식에 맞게 사는 것처럼 중국인이 중국에서 중국 상식으로 살고 있을 때는 아무런 문제도 없습니다. 하지만 중국인이 다른 나라에서 중국의 상식을, 다른 나라가 중국에서 다른 나라의 상식을 요구하기 때문에 문제가 발생하는 것입니다.

중국인이든 외국인이든 중국에서 비즈니스를 시작하고 싶다면 당연히 중국의 상식을 따라야만 합니다. 외국인이 다른 나라에 들어와서 일을 하려 할 때도 그 나라의 상식을 먼저 배우는 것은 기본 중의 기본입니다.

그렇다고 '중국에서 일하는 외국인이 중국인이 되어야만 한다'거나 '중국인과 똑같이 행동해야만 한다'고 말하려는 것은 아닙니다. 지금까지 자국의 상식 속에서 자랐는데 어느 날 갑자기 중국인이 될 수도 없는 노릇입니다. 설령 무리하게 자신의 모습을 버리고 중국인과 융화한다고 해도, 오히려 자신이 살릴 수 있는 특징이나 강점을 잃어버리고 비즈니스 상대로서의 가치를 떨어뜨릴 뿐입니다. 중국에서 일을 하거나 살고 있는 외국인이라면 중국의 상식을 이해한 후, 그 위에서 실패의 위험성을 줄여 가며 성공할 기회를 노려야 합니다.

하지만 중국의 상식이란 일반적으로 다른 나라와 상반되는 구석이 너무도 많기 때문에, 외국인이 중국의 상식을 이해한다는 게 그렇게 간단하지가 않습니다. 중국인의 발언이나 행동 등 표면에 드러나는 모습들만 보고는 쉽게 납득이 가질 않습니다. 하지만 중국인의 발언이나 행동의 뒤에 있는 사고나 논리를 알게 되면 이해하기는 쉬워집니다. 언뜻 보기엔 신기하게만 느껴지는 중국인들의 말이나 행동이라도, 그 뒤에는 분명히 이유가 있습니다.

중국인들의 사고나 논리를 이해하게 되면 중국에서 일하는 것도 훨씬 쉬워집니다. 중국 비즈니스의 상식을 알기에 더욱 유리한 행동을 취할 수 있게 되는 것입니다.

이 책에서는 외국인이 이해하기 어려운 중국 비즈니스의 상식과, 그 뒤에 숨겨진 논리를 실례를 들며 설명할 예정입니다.

중국 비즈니스는 100점이 아닌 70점을 노려라

중국 비즈니스는 카오스 그 자체입니다. 계획은 예정대로 진행되질 않고, 직원이나 거래처는 날 배신하고, 법률이나 규정이 갑자기 바뀌는 상황이 일상다반사로 일어납니다. 하지만 그건 좀 어쩔 수 없는 일들입니다. 외국인한테만 그런 게 아니라, 중국인한테도 똑같은 혼돈 상황이 일어나고 있기 때문입니다.

중국 비즈니스는 왜 이토록 혼란스러운 걸까요? 비즈니스의 결과를 좌우하는 세 가지의 패러미터로 상황을 분류해서 생각해 보면 다소 이해가 됩니다.

- 혼란도(불확실성) = 변수의 개수 x 변수의 진폭 x 변수가 바뀌는 속도

중국 비즈니스의 불확실성은 다른 나라와 비교하여 압도적으로 변수가 많고 변수의 진폭도 무척 큽니다. 또한 변수가 바뀌는 스피드도 엄청납니다. 중국인은 회사나 조직에서만 일하는 게 아니라 개인으로서 따로따로 일하는 특징도 강합니다. 이것이 수많은 변수의 원인이기도 합니다.

일본에서는 사회의 상식이나 회사의 이윤 등의 기준이 있고, 조직의 구성원들은 그 기준과 자신의 이윤이 서로 반목하는 상황에 놓이더라도 조직의 요구를 우선하며 일합니다. 일본에서는 '사회나 조직의 일원으로서 부끄럽지 않도록 행동하지 않으면 쫓겨난다'는 인식을 어릴 때부터 계속 가르치고, 그에 따라 다른 사람이 자신을 어떻게 볼지를 신경 쓰는 등 타인과 다른 행동을 하지 않도록 주의하는 성질이 몸에 배어 있습니다. 그렇기에 사회나 조직의 최대 공약수나 평균치만 알고 있으면 전체의 움직임을 예측하는 것이 가능합니다.

그러나 중국은 다릅니다. 중국에서는 '사회나 조직'의 이윤보다 '개인'의 이윤이 우선되기 때문입니다. '사회의 상식이 이러니까 거기에 맞춰서 행동해야 한다'는 사고방식이 기본적으로 통하지 않습니다.

일본의 25배나 되는 국토, 13억의 인구를 가졌고, 지역이 바뀌면 말하는 언어(북경어, 광둥어 등)나 기질도 달라지는 데다 다민

족 국가인 중국에서는 '나와 남은 달라야 마땅하다'는 사고방식이 기본입니다. 그래서 다른 사람의 시선을 의식하지도 않고 자기 마음 가는 대로 행동합니다. 그 결과 나머지 패러미터인 '변수의 진폭'이 필연적으로 커질 수밖에 없는 것입니다.

중국 비즈니스를 혼돈 상태로 만드는 또 하나의 원인은 '변수가 변화하는 속도'입니다. 일본은 40~50년 걸려 개발도상국에서 선진국으로 변해 갔습니다. 하지만 중국은 비디오를 건너뛰고 DVD, 브라운관을 건너뛰고 벽걸이 텔레비전, 전화기를 건너뛰고 휴대전화라는 식으로 10년 동안 엄청난 변화를 겪었습니다. 내일이 오늘과 다르다는 것, 그러한 상황이 너무나도 당연한 것입니다.

일본에서는 변수가 바뀌더라도 연단위, 빨라도 월단위입니다. 하지만 중국에서는 주단위, 어떨 때에는 일단위로 생각될 만큼 매일매일 상황이 달라집니다. 계약서에서 합의한 내용도 다음 날 상황이 바뀌면 달라지는 것이 당연한 거라고 진심으로 생각하는 중국인 경영자도 드물지도 않습니다.

'내일이 오늘 같을 리가 없다', '오늘은 이렇게 해서 이겼지만 내일도 그게 통할 리가 없다'는 사고방식이 근저에 깔려 있는 중국에서, '안정'이나 '현재 상태'를 추구하는 것은 곧 패배를 의미합니다. 자신이 변하지 않더라도 주변 환경은 바뀌기 때문에 현상 유지조차 할 수가 없습니다.

불확실성이라는 위험성을 늘 동반하는 중국인들에게는 '도전하지 않아도 어차피 위험하다. 기회를 발견하면 바로 도전해야 한다'는 사고방식이 이미 DNA에 새겨져 있습니다. 일반적인 비즈니스처럼 사업 계획을 세우고서 성공할 것이 거의 확실한 사업만 진행하려고 해도, 중국에서는 계획을 세우는 단계에서 이미 전제 조건 자체가 변화해 가기 때문에 소용이 없는 것입니다.

그렇듯 진폭이 크고, 모든 것이 변동하는 중국에서 모든 변수를 스스로 조정하여 생각했던 결과를 얻어 내는 것은 현실적으로 불가능합니다. 무질서 그 자체인 중국에서 비즈니스를 진행하는 방법은 두 가지가 있습니다.

첫째는 '중국에서 비즈니스를 통제하는 걸 포기한다'고 작정하고, 세상 흐름과 운에 몸을 맡기면서 살아가는 방법입니다. 보통 중국인들은 다 이렇게 살아갑니다. '중국 비즈니스는 위험성이 너무 커서 못 하겠다'고 생각하는 외국인 경영자도 여기에 포함됩니다.

또 하나는 '모든 변수를 통제하는 것은 어렵지만, 가장 중요한 변수들만 어떻게든 붙잡고서 원하는 방향으로 가게 만든다'는 방식입니다. 이게 바로 성공하는 중국 경영자의 방법이라고 볼 수 있습니다.

즉, 믿을 수 있는 사람을 모아서 곁에 두고 다 함께 협력하여 불안정 요소나 불필요한 조정 변수를 줄이는 것입니다. 모든 전제 조건이 갖춰지진 않더라도 주변의 환경이 변화하는 것에 맞추어 그에 대응해 가는 방법이라고 볼 수 있습니다.

어쩌면 일반적 경영자의 감각으로는 도저히 이해할 수 없을지도 모릅니다. 그러나 해야 할 것과 중요한 것들의 우선순위를 확실히 정한 후, 100점이 아닌 70점을 노리는 (30점은 처음부터 포기

하는) 것. 이것이 외국 기업이 혼란 그 자체인 중국 시장에서 살아
남기 위해 받아들여야 할 전략인 것은 분명합니다.

제1장

중국 소비자는
어떻게 물건을 사는가?

중국 소비자의 특징을 파악하는 것이 장사의 기본

01 '좋은 상품'이 아니라 '유명한 상품'이 팔린다

"중국에서는 좋은 상품이 아니라 유명한 상품이 팔린다."

이 기본 원칙을 모르는 채 중국으로 진출하는 외국계 기업이 끊이질 않는다. '우리 상품은 품질이 좋으니까'라거나, '우리 상품은 국내에서 인기가 있으니까'라는 이유만으로 중국에서도 팔릴 거라고 단정하고, 13억이라는 거대 시장에 기대를 품고서 중국으로 가는 경우가 많다. 그러나 현실은 그렇게 녹녹하지가 않다. 예상과는 달리, 중국에 가보니 실제로 상품이고 서비스고 전혀 팔리지 않는 경우가 많다.

중국 소비자는 아무리 품질이 좋아도 '이제까지 본 적이 없는' 상품이나 서비스에 쉽게 손을 대지 않기 때문이다. 기대와는 다르게 안 팔리는 결과를 낸 외국 경영자 중 대다수가 '역시 중국 시장은 어렵군', '중국 소비자 수준은 아직 낮아'라는 식으로 모두 다 시장 탓으로 돌리고 끝나는 경우가 부지기수이다. 이런 식의 체념은 자기반성이 전혀 없는 것으로 실제로는 실패할 만하기 때문에 실패한 것이다.

좋은 상품을 파악하는 눈이 아직이다

중국에서 좋은 상품보다 유명한 상품이 팔리는 원인 중 하나는, '중국 소비자는 상품에 대한 경험이 적기 때문'이다. 급속한 경제 성장 덕분에 풍요를 누리게 되었지만, 좋은 상품을 구분하는 눈은 아직 길러지지 않은 상태라고 보면 된다.

중장기적으로는 점점 바뀌어 갈 테지만, '어떤 상품이 좋은가', '내게 어울리는 것은 무엇인가'를 스스로 판단하지 못하는 경우가 많다. 그 결과, 돈은 있지만 무엇을 입어야 좋을지 모르기 때문에 '머리끝서부터 발끝까지 「샤넬(CHANEL)」로' 선택하게 되는 것이다.

또한 성악설이 상식인 중국에서는 '유명한 것은 곧 안심하고 사도 되는 것'이라는 생각이 팽배해 있다. 그리고 일반적으로 불량품이나 가짜가 당당히 진품 옆에 놓여 있는 중국에서는 속지 않으려면 매우 주의 깊게 쇼핑해야 하는 특징도 있다. 그래서 필연적으로 '지금까지 내가 산 적이 있는 상품'이나 '많은 소비자들이 선택한 유명 브랜드의 상품'을 사는 것이 안전하다는 인식들을 많이 갖고 있다.

중국 소비자 입장에서 보기에, 들은 적 없는 회사의 상품은 좋은 물건이라 해도 애초에 고려 대상에 들어가지도 못하는 것이다.

지명도가 없는 신상품을 시장에 내놓으려면 소비자들의 불신을 이해하고, 어떻게든 신용을 얻기 위해 대대적으로 광고하거나 유명인을 이용한 홍보를 집중하여 '돈 많은 회사니까 안심하고 믿어 주세요'라는 인상을 심어 주는 작업이 필요하다.

전형적인 예로 화장품을 들 수 있다. 중국에서 팔리는 상품들의 대부분은 미국 브랜드의 화장품이다. 다른 브랜드 화장품이 미국 브랜드에 비해서 원가율도 높고 원자재도 좋아서 때로는 상품의 질도 높을 수 있다. 그러나 실제로 중국에서 팔리는 것은 품질보다 홍보에 돈을 들이는 미국 브랜드의 화장품이다.

이렇듯, 중국에서 상품이나 서비스를 팔려면 상품 자체의 품질만큼이나 '지명도'와 '브랜드'가 매우 중요하다. 문제는 중국에서 지명도나 브랜드 유명세를 얻으려면 상당한 돈과 시간 투자가 필요하다는 점이다.

미국 기업이나 중국 내 기업을 이기려면 돈보다 지혜가 필요하다

상하이, 베이징 등 대도시를 중심으로 볼 때, 중국의 홍보와 광고 비용은 상당히 많이 든다. TV의 채널수는 많지만 상대적으로 TV의 영향력이 크지 않기 때문에, 골든타임에 CF를 내보낸다고 해도 지명도가 갑자기 올라가는 경우도 없다.

실제로 주요 미국 기업, 중국 내 기업의 연간 홍보, 광고 비용은 50억 위안(약 9천억 원)에 달한다고 한다. 일본 기업 중 톱클래스에 드는 소니나 캐논조차 홍보비는 10억 위안 정도라고 한다. 그 결과, 10년 이상 중국에 진출하고 비교적 자금이 있는 거대 기업일지라도 '브랜드 유명세'에서 미국이나 중국 기업의 뒤를 겨우 따라가는 것이 현실일 수밖에 없다.

그렇잖아도 중국에 투자할 수 있는 금액에 제약이 있는 판국에, 맨땅에서 자사 상품이나 서비스를 홍보하면서 히트 상품을 기대한다는 것은 (정말로 중국에서 필요로 하고, 실로 경쟁에서 차별화되어 있는 상품이 아니라면야) 기적에 가까운 이야기이다.

그러면, 지금부터 중국에 진출하는 (혹은 이미 진출한) 외국 기업이 이미 중국 소비 시장에서 성공할 기회를 놓친 것일까? 물론 그렇지는 않다. '돈'이 아니라면 '지혜'로 승부할 수도 있다. 다음 장에서부터는 어떻게 지혜를 발휘해야 할까에 대해 몇 가지 예를 들어 볼 생각이다.

TIP. 1

★ 중국 소비자들은 특히 '유명한 것'을 판단 기준으로 삼는 경우가 많아 회사 및 상품의 지명도를 높이는 노력에 최선을 다해야 한다.

★ 단순히 홍보에 돈을 들여서 해결될 문제가 아니다. 지혜가 필요하다.

02 돈이 아니라 지혜로 지명도를 올려라

앞에서 설명했듯이 중국은 '질 좋은 상품보다 유명한 상품이 팔리는' 시장이다. 아무리 좋은 상품이나 서비스라 해도 어느 정도 중국에서 지명도가 있지 않으면 구매 대상이 될 수가 없다. 중국에서 상품 및 서비스의 지명도를 올리려면 상당한 금액이 필요하기에, 돈이 충분하지 않다면 '지혜'를 발휘해야 한다.

여기에서는 돈을 너무 많이 들이지 않고서도 지혜로 지명도를 올리는 방법을 구체적으로 설명하고자 한다.

고객의 주목을 끄는 방법이 필요하다

중국에서만 한정되는 이야기는 아니지만, 상품이나 서비스의 지명도를 올리려면 상품 및 서비스를 구매할 가능성이 있는 타깃층의 주목을 끌어야만 한다. 홍보비가 충분할 경우에는 대대적인 광고를 통해서 사람들이 모이는 미디어에 인기를 끌 만한 콘텐츠를 노출하는 방식이 가장 효과적인 홍보 방식인 것은 분명하다.

그렇다면, 돈이 없을 경우에는 어떻게 해야 할까?

돈이 없다면 '사람들이 모이는 미디어'를 획득할 수가 없다. 대신에 머리를 써서 '주목을 끌 만한 콘텐츠'를 제작하여 사람들이 스스로 모이도록 하는 방법을 사용할 수는 있다. 물론 그러기 위해서는 '상당히 극단적인' 콘텐츠로 화젯거리를 만들어야 한다. 이와 관련하여 전에 상하이에서 화제가 되었던 '500년 전 과거에서 온 여성'의 사례를 함 참조해 볼 필요가 있다.

상하이의 지하철역에 있는 노약자석 앞에 옛날 의복을 차려입은 미녀가 느닷없이 나타났고 비상식적인 상황에 놀란 사람들이 이 여성 주변으로 모여들었다. 그 여성의 앞에는 이런 종이가 놓여 있었다.

"저는 500년 전의 청나라 시대에서 왔습니다. 저를 도와주실 분이 없을까요?"

'500년 전 과거에서 온 여성' 사건은 상당한 화제가 되어 2주 후에 중국의 동영상 공유 사이트에 올라온 영상이 재생 수 36만을 기록했으며, 중국판 트위터인 시나 웨이보(新浪微博)에서 3만 건 이상 트윗되었다.

화제를 만들어 입소문을 내라

물론 이것은 홍보를 노리고 벌인 사건이었다. '500년 전 청나라 시대'가 무대가 되는 롤플레잉 게임을 홍보하기 위해 게임 회사가 만들어 낸 게릴라 마케팅이다.

그러나 그들은 이것이 홍보 이벤트라는 사실도, 회사명도 게임 타이틀도 전혀 노출하지 않았다. 그 결과 미스테리한 분위기가 장안의 화제를 일으켰고 그에 따라 자연스럽게 지명도도 올라갔다.

'젊고 멋진 백인 커플이 지하철역 안에서 햄버거처럼 들러붙는다'는 게릴라 마케팅으로 홍보했던 푸드 체인점도 있었다. 이렇듯 비일상적이고 말도 안 되는 세계를 연출하여, 화제를 만들고 입소문을 퍼뜨려서 지명도를 올리는 방법은 돈을 아낄 수 있는 수단 중 하나이다.

그러나 '이런 괴상한 작전 말고 좀 더 정정당당하게 광고하고 싶은데 돈이 없는' 회사가 더 많을 거라 생각된다. 그럴 때에는 외부의 힘을 잘 이용해야 한다.

물론 돈도 내지 않는데 이쪽 마음대로 움직여 주는 은인은 드물기 때문에 여기서도 지혜가 필요하다. 다음 장에서는 외부 요건을 이용하는 방법에 대해 알아보도록 하겠다.

TIP. 2

★ 돈을 쓰지 않고 주목을 받을 수 있는 게릴라 마케팅을 이용한다.
★ '내부의 힘'보다 '외부의 힘'을 잘 이용할 필요가 있다.

03 경쟁 상대가 오히려 나의 힘이다

외부의 힘을 이용하여 지명도를 올리는 방법은 크게 두 가지가 있다. '이미 지명도가 있는 것에 올라타는' 전략과 다른 사람이 '지명도를 올리는 작업을 도와주게' 만드는 전략이다.

올라타는 전략을 구체적으로 설명하면, '(지명도가 있는) 유통 채널'에서 상품을 판매하며 소비자의 신뢰를 확보하고 있는 '(팔로워가 많은) 오피니언 리더'가 상품을 사용하도록 만들어 홍보하는 방법이다. 또한 '(집중력이 있는) 경쟁 점포의 근처에 가게를 열어 경쟁 가게의 손님을 끌어오는' 방법도 있다. '다른 사람의 도움을 받는' 전략에서는 소비자의 힘을 빌리는 것이 가장 현명한 방법일 것이다.

경쟁 점포의 근처에 가게를 낸다

잘 이용해야 하는 요소 중 하나가 바로 경쟁 상대의 힘이다. 이쪽보다 먼저 시작했고, 지명도도 높은 경쟁 상대의 힘을 빌려서 자신의 지명도를 올리는 것이 필요하다. 그러나 경쟁 상대이니만큼 당연히 바라는 대로 고분고분 힘을 빌려줄 리가 없다. 그렇다면 어떻게 이용해야 할까?

상하이를 중심으로 중국에 300개 이상의 점포를 운영하는 「85°C」라는 대만계 베이커리 카페가 있다. 내부에 온갖 빵이 전시되어 있으며, 커피를 마시면서 빵도 함께 먹을 수 있는 가게다. 지금은 중국의 거리 어디에서나 85°C를 찾아볼 수 있고 무척 유명한 브랜드가 되었지만, 2007년 중국(상하이)에 처음 진출했을 때에는 완전한 무명에 가까웠다.

당시 상하이의 카페 업종 중 가장 앞서 나갔던 가게는 「스타벅스」였다. 2000년에 이미 상하이로 들어왔고 화려한 미국계 카페로서 지명도도 충분히 갖고 있었다. 85°C가 스타벅스와 정면 승부해서 이길 가능성은 매우 희박한 상황. 지명도를 올리려면 막대한 홍보비와 시간이 걸릴 수밖에 없었다.

이때 85°C가 취한 전략이 바로 경쟁 상대인 스타벅스의 힘을 이용하는 것이었다. 스타벅스에 몰려드는 사람들을 끌어들이기 위해, 일부러 스타벅스의 코앞에 카페를 연 것이다.

'카페를 찾는 상하이 사람들은 스타벅스로 온다' → '스타벅스에서 내다보이는 곳에 85°C 카페를 내면, 스타벅스에 오는 사람들 중 몇몇은 85℃에도 올 것이다' → '85℃에 와서 1잔에 6위안(스타벅스보다 1/4 정도 싸다)으로 그럭저럭 괜찮은 커피를 마실 수 있다는 걸 알게 되면 단골로 바뀔 것이다'. 85℃는 실제로 이 작전에 성공했고, 현재 는 누구나가 아는 카페 브랜드로 성장했다.

기성복 브랜드에서도 이러한 전략은 자주 사용된다. 자신의 브 랜드 가치를 올리기 위해 일부러 「구찌(GUCCI)」나 「샤넬(CHANEL)」 주변에 가게를 낸다. 중국 소비자가 '유명 브랜드 옆에 있는 걸 보 니 이 브랜드도 꽤 괜찮은가 봐'라고 인식하기 때문이다.

자신의 힘이 충분하지 않다면 상대의 힘을 빌려서 어떻게 이용 할지 생각할 것. 이렇게 지혜를 발휘함으로써 적은 돈으로 회사의 지명도를 올리는 방법은 얼마든지 있다. 다음 장에서는 소비자들 의 힘을 이용하는 방법에 대해 소개하겠다.

TIP. 3

★ 우리 회사보다 지명도가 높은 경쟁 상대가 있다면 어떻게 이용할지 생각한다.

★ 경쟁 상대의 가게 근처에 점포를 낸 사례 중에 성공담이 많다.

04 단골손님끼리 서로 경쟁하게 만들어라

중국 비즈니스는 총력전이어야 한다. 쓸 수 있는 것은 전부 쓰겠다는 각오가 없으면 사업을 끌고 갈 수가 없다.

단골손님조차도 관리를 더욱 잘해서 회사의 생각대로 움직일 수 있도록 노력해야 한다. '소비자를 이용하는 방법' 중 하나가 바로 '단골손님끼리 서로 경쟁하게' 만드는 전략이다.

중국 우루무치(중국 신장웨이우얼 자치구의 주도)에 있는「다츠노 명품광장」(여성 기성복 전문의 지하철역 쇼핑센터로, 본사는 일본에 있다. 1998년 우루무치에 진출했다. 우루무치에서 일본 기업을 물으면 소니나 파나소닉이 아니라 다츠노가 손꼽힐 정도로 유명하다)을 방문했을 때의 일이다. 중앙 매장의 안내판에 A4 크기로 인쇄된 순위표가 붙어 있었고 표에는 전날까지의 실적을 포함한 연간 소비 금액 랭킹 1~20위의 고객의 번호, 그리고 그들이 쓴 금액이 적혀 있었다. 가장 아래에 있는 20위조차도 소비 금액이 수십만 위안인 것을 보고 깜짝 놀란 적이 있었다. 안내 데스크의 직원에게 물어보니, 이 표는 매일매일 총 실적을 종합하여 바꿔 붙인다는 대답이 돌아왔다.

단골손님들은 체면 때문에 랭킹을 겨루고 있다

그 쇼핑센터는 왜 상위 20위권의 연간 소비 금액을 매일 게시하는 것일까?

왜냐하면 쇼핑센터에서는 상위 20위까지의 특VIP 고객들에게는 무료 해외여행권을 증정하는 이벤트를 진행하고 있었기 때문이다. 특VIP인 고객의 입장에서 보면, 이 20위권에 포함되는지의 여부는 단순히 무료로 해외여행을 갈 수 있다 못 간다의 문제가 아니라 '나는 이렇게 대접받는 VIP다'라는 사실을 친구나 지인들에게 말할 수 있는가의 문제이다. 즉 자신의 체면을 건 싸움과도 같은 것이다.

마침 연말에 이 쇼핑센터를 방문했고 그때가 상위 20위의 손님들이 최종 결정되는 기간이기도 했다. 즉 이 회사는, 15~20위에 들어가 있는 손님들과 조금만 더 사면 20위권에 들어갈 수 있는 손님들이 매일같이 순위표를 확인하면서 계속 쇼핑하는 것을 노린 전략을 취한 것이다.

'손님들끼리 경쟁시키는' 전략은, 그 외에도 여러모로 쓸데가 많다.

유치원 아이들 대상으로 열리는 '그림 그리기 대회'도 그렇다. 유치원 아이들이 그린 그림을 응모하면, 그중에서 우수한 작품을 뽑아 시상하는 것이 본래 대회의 취지다. 하지만 여기에 '참가자들의 경쟁'이라는 요소를 넣으면 상황이 180도 달라진다.

가령 응모작들을 인터넷에 게시하고 인터넷 투표로 우수작을 결정한다고 해보자. 그러면 자기 아이의 그림을 입선시키고 싶은 부모들은 자원해서 친척이나 친구들에게 사이트를 알려 주고 투표하도록 유도한다. 계속해서 그 친척들은 또 다른 지인에게 이 대회에 대해 이야기하게 되고, 그렇게 해서 투표수만큼 사람들에게 그 캠페인이 노출되는 효과를 얻는다. 당연히 기업들은 이러한 홍보 효과를 노리고, 아이들이 그릴 그림의 주제로 자사 제품이나 캐릭터를 제시한다.

좀 더 파고들 수도 있다. 우선 유치원 단위로 대회를 열어서 각 유치원의 대표 작품을 선택한 후, 그것들을 지역별로 분리하여 다시 한 번 투표로 우수 작품을 선정하는 것이다. 이렇게 두 단계 이상의 대회로 구성하면 자신의 아이가 다니는 유치원이 다른 유치원에게 지지 않도록 또다시 경쟁이 일어난다.

이렇듯 손님들을 잘 움직일 수 있다면 서로 경쟁을 유도함으로써 회사는 이득을 취할 수 있다. 특히 기업에 대한 충성도가 높은 우수 고객층들이 자진하여 경쟁에 나서도록 만들면 그 이윤의 효과는 극대화된다. 이러한 요소를 잘 활용할 필요가 분명 있다.

★ 손님들끼리의 경쟁을 통해 매출을 올릴 수 있는 시스템을 만든다.

★ 충성도가 높은 우수 고객층들이야말로 이윤을 올려 줄 가능성이 높다.

05 오피니언 리더보다 친구나 지인들의 말에 더 귀를 기울인다

성악설이 일반화되어 있는 중국에서는 기업의 홍보나 광고를 우선 의심스러운 눈으로 바라본다. 그래서 그런 소비자들에게 물건을 팔기 위해서는 무엇보다 입소문이 가장 중요한 역할을 한다. 입소문 중에서도 기존 고객 혹은 기존 고객의 친구나 지인들이 소개하는 형태가 중국에서는 가장 이상적이다.

그 이유는 다음과 같다.

- 기존 고객들은 상품의 가치(좀 더 솔직하게 적으면 가격 대비 성능비)를 잘 이해하고 있기 때문에 설득력 있게 설명한다.
- 기존 고객과 신용 관계가 성립되어 있는 친구나 지인일수록 추천받은 물건을 구입할 가능성이 매우 높다.

요새 중국에서는 팔로워가 많고 영향력이 큰 연예인이나 오피니언 리더에게 돈을 지불하고 블로그에 상품평을 쓰게 만드는 경우가 많이 증가하고 있다. 그러나 실제로는, 기존 고객이 친구나 지인들에게 내는 입소문이 이런 마케팅보다 훨씬 더 실제 효과 및 성공률이 높다.

입소문이 퍼지는 시스템을 구축한다

'기존 고객의 친구 및 지인 소개'는 중국에서 특히나 유효한 수단이다. 그래서 이런 식의 상품 소개가 자연히 발생하는 것을 마냥 기다릴 게 아니라, 적극적으로 그렇게 되도록 시스템을 만들 필요가 있다.

물론 상품의 가치나 성능비가 좋다는 것이 전제가 되겠지만, 상품의 팬이 된 기존 고객에게 신규 고객을 소개받고 그 신규 고객이 다시 새로운 고객을 데려오는 형태를 만들어 내면 자연스럽게 고객들이 증가할 것이다.

실제로 중국에서도 기존 고객들을 이용한 친구 및 지인을 소개하는 마케팅 프로그램이 많이 이용된다. 예를 들어 화장품 판매 체인인 「세포라(SEPHORA)」의 사이트가 진행하는 친구 소개 프로그램이 그렇다. 세포라의 사이트에서 상품을 구입한 적이 있는 회원이 세포라에 새로운 사람을 소개하면, 그 신규 고객에게 50위안의 할인권을 준다. 그리고 그 신규 고객이 세포라 사이트에서 상품을 구입하면 그 사람을 데려온 회원에게도 50위안이 주어지는 시스템이다.

이렇듯 기존 고객이 친구를 소개하면, 기존 고객은 물론 새로

들어온 친구와 세포라에도 이득이 생기는 윈윈 전략 관계를 의도적으로 만들어 낸 것이다.

하지만 중국에서 이 시스템을 만들려면 조금 더 세심한 주의를 기울여야 한다. '질 나쁜 짓을 한다'는 좋지 않은 인상을 줄 수도 있기 때문이다. 가령 "손님의 친구를 소개해 주세요. 만일 친구가 상품을 구입할 경우, 답례로 손님께 할인권을 드리겠습니다."는 내용을 대대적으로 홍보했다간 오히려 눈 밖에 날 수도 있다. 소개받는 친구가 이 구조를 알게 되면 '나한테 이 상품을 추천한 건 자신의 이득을 위해서였나'는 부정적인 생각이 앞서게 되고 결과적으로 고객의 체면을 손상시킬 수도 있기 때문이다.

반면 신규 구매자 한정으로 할인이나 특전을 주는 이벤트를 열 경우 "내 친구가 상품을 사도록 소개할 테니 그 특전을 친구 말고 제게 주세요."라고 당당하게 요구하는 중국인 소비자도 있다.

요컨대 중국인은 자신에게 이득이 되는 일에 적극적으로 나서기도 하지만, 반면에 평판에도 매우 신경 쓴다는 것도 주의할 필요가 있다. 중국에서 성공한 기업의 대부분이 '기존 고객의 친구 및 지인 소개'라는 고객 유치 마케팅을 실행하고 있음에도 불구하고 그것을 대놓고 홍보하지 않는 데에는 다 이유가 있는 것이다.

TIP. 5

★ 중국에서는 기존 고객의 친구 및 지인 소개가 매우 효과적이어서 이런 마케팅 시스템은 반드시 구축할 필요가 있다.

★ 단, 소개하는 고객의 체면이 손상되지 않도록 주의해야 한다.

06 통 큰 선행이 매출의 황금알을 낳는다

지명도를 올리기 위해서는 때로 하늘에서 내려오는 '타이밍'을 놓치지 말아야 한다. 언제 그 기회가 내려올지 사전에 예측하는 것은 불가능하지만, 일단 온 기회를 놓치지 말고 이용하면 자사의 지명도를 올릴 수가 있다.

한방 성분이 들어간 양차(신체의 열을 식혀 주고 염증을 덜어 주는 약용차)로 중국 전국에서 팔리고 있는 「왕로길」은 중국의 식당 및 슈퍼 어디에서도 찾을 수 있는 상품이다.

중국에서 왕로길은 「코카콜라」보다도 더 많이 팔리는 음료이다. 그러나 그토록 유명한 왕로길도 옛날에는 이렇게 인기가 많지 않았다. 왕로길을 제작하는 회사인 「가다보집단」이 '하늘이 내린 기회'를 놓치지 않고 이용한 결과 중국에서의 지명도가 비약적으로 오르면서 지금의 국민 음료로 도약한 것이다.

재난에 파격적인 기부금의 결과는?

가다보집단의 '하늘의 기회'는 2008년에 찾아왔다. 그해 5월, 중국 쓰촨성에서 일어난 쓰촨성 대지진이 그것이다. 대지진이 일어나자 가다보집단은 "지진에 피해를 입은 사람들이 어서 고통을 잊고 일어서기를 바랍니다."는 메시지와 함께 1억 위안을 원조금으로서 기부했다.

대기업조차 수천만 위안 정도를 기부하는 상황 속에서, 가다보집단이 내놓은 1억 위안이 얼마나 임팩트가 컸을지는 대충 짐작이 가리라 생각된다(참고로 당시 일본 기업이 내놓은 기부 금액은 최고액이 천만 위안 정도. 일반적인 기업들의 평균 기부 금액은 백만 위안 이하였다).

가다보집단의 엄청난 금액의 기부에 대한 이야기는 눈 깜짝할 사이에 중국 전역에 퍼졌다. 이후 "기부할 땐 1억 위안, 음료를 마실 땐 왕로길."이라는 캐치프레이즈마저 탄생했다. 당연히 중국에서는 왕로길을 마시는 사람들이 폭발적으로 늘었고, 왕로길의 매출은 전년 대비 2배 이상으로 뛰어올랐다.

이러한 기회를 잘 살린 것은 중국 내 기업뿐만은 아니다. 외국 기업인 까르푸도 쓰촨성 대지진 사건을 놓치지 않았다.

주어진 기회를 놓치지 않는 것 또한 능력이다

쓰촨성 대지진이 발생하기 전 중국에서는 까르푸가 한창 역풍을 맞고 있었다. 2008년 3월 티베트에서 일어난 혼란에 대해 당시 프랑스의 대통령이었던 사르코지가 중국 정부의 대응을 비판하며 베이징 올림픽 개회식에 불참하고, 파리의 성화 릴레이가 티베트를 지지하는 사람들에 의해 방해받는 등 여러 사건이 발생했다. 그 탓에 중국에서는 프랑스 기업인 까르푸에 대한 불매 운동이 일어났다.

상황을 파악한 까르푸는 올림픽 지지를 표명하거나 반값 할인 등 파격 세일을 진행했지만, 불매 운동의 기세는 줄어들지 않았다. 그러던 중 쓰촨성 대지진이 일어났는데 까르푸는 이 기회를 놓치지 않고 외국 기업 중 최대 금액인 2300만 위안을 기부했다. 그 덕에 중국의 여론은 비난에서 감사와 찬사로 바뀌었다.

물론, 가다보집단이나 까르푸가 오로지 자사의 이익만을 생각하고 거액을 기부한 것은 아닐 것이다. 사회적 책임을 지겠다는 의미도 분명 포함되어 있다. 하지만 이러한 기회를 놓치지 않고 행동한 기업들이 기부금과 똑같은 금액을 광고비로 사용해도 얻을 수 없을 홍보 효과를 얻었다는 것에 주목해야 한다. 이 기회는 가다보집단이나 까르푸뿐만 아니라 모든 기업들에게 평등하게 주어졌다. 그러나 기회를 붙잡은 것은 상황의 의미를 깨닫고 그 기회를 놓치지 않고 승부를 건 일부의 회사뿐이다.

대다수의 외국계 기업들도 마찬가지이다. 중국 시장이기 때문에 오히려 더욱 적극적으로 나서야 한다. 그를 위해서는 기회를 잡으려고 안테나를 세우는 것 외에도 기회가 왔을 때 바로 움직일 수 있는 과단성이 필요하다.

타이밍을 잡지 못하면 회사가 자라날 최대의 기회를 놓칠 뿐만
아니라, 그 기회를 이용하는 데 성공한 경쟁 상대에게 치명상을 입
게 될 수도 있다.

※ 2008년 당시, 가다보집단은 중국에서 왕로길의 상표권을 가진 광약집단에서 상표를 빌려
서 캔음료로 「왕로길」을 판매하고 있었다. 그러나 2012년에 가다보집단과 광약집단 사이
에 상표권을 놓고 법적 분쟁이 일어났고, 그 이후 가다보집단은 「왕로길」 대신 「가다보」라
는 이름의 양차 음료를 전국적으로 판매 중이다.

TIP. 6

★ 선행을 베풀 타이밍을 놓치지 않도록 상황을 잘 살핀다.

★ 기회가 왔을 때에는 바로 대응할 수 있도록 준비해 둔다.

07 쇼핑은 체면을 건 전쟁, 값어치를 올려라

중국인의 소비 행동을 이해할 때 가장 중요한 키워드는 '가격 대비 성능비'를 의미하는 가성비이다. 즉 상품이나 서비스의 성능 (가격, 품질)과 가격의 균형이 매우 중요하다. 해당 상품이나 서비스에 그만한 돈을 낼 가치가 있는지의 여부가 모든 것을 결정한다고 해도 과언이 아니다.

예를 들어, 중국의 상점에서 자주 등장하는 '원 플러스 원'이나 '30% 세일'은 손님으로 하여금 가격 대비 성능비가 우수하다고 생각하도록 유도한다. 가격이 아주 높지 않으면서도 품질이나 기능성이 좋은 「유니클로」나, 패션으로 승부하는 「H&M」 등의 기성복 상점, 가격이 저렴하면서도 푸짐한 양과 그럭저럭 어느 정도의 맛을 유지하는 「요시노야」, 「사이제리아」, 「코코이찌방야」 같은 음식점도 중국인들에게는 가성비를 인정받아 인기를 끌고 있는 경우라 할 수 있다.

쇼핑은 체면을 건 전쟁이다

대부분의 다른 나라 소비자들도 가격이 합당한지 어떤지 생각해 가며 쇼핑을 하겠지만, 중국 소비자들은 그에 비해 훨씬 더 가성비에 민감하다.

최근 영화관에 가는 중국인들이 늘어나고는 있지만, 영화관에서 무엇을 볼지도 바로 가성비가 결정한다. 구체적으로 말하면, 「트랜스포머」는 영화관에서 보는 것이지만 「상실의 시대」는 굳이 영화관에서 볼 필요가 없다고 생각하는 것이다.

「트랜스포머」는 박력 넘치는 액션 영화이기에 어느 정도의 비용을 지불하고 대형 화면으로 관람할 만한 가치가 있다고 판단하는 반면에 「상실의 시대」처럼 수수한 영화는 더욱 저렴하게 살 수 있는 불법 카피 DVD나 무료 동영상 사이트에서 보는 걸로 충분하다는 인식을 갖고 있다.

외국 기업들이 자주 타깃으로 삼는 중국 신흥 부자층조차도 가성비를 고려하며, 결코 쓸데없는 쇼핑은 하지 않는다. 중국인에게 있어 쇼핑이란 단순한 소비 활동이 아니라 자신의 체면을 건 전쟁이기 때문이다.

중국인은 쇼핑을 마치고 집으로 돌아가면 '자신이 얼마나 현명하게 쇼핑을 했는지'를 가족이나 친구들 앞에서 자랑하기를 좋아한다. 가성비가 높은 물건을 구입한 사람은 현명하다는 칭찬을 받지만 반대로 가성비가 좋지 못한 물건을 살 경우라면 (아무리 부자라도) 심하게 표현하여 바보라는 평을 듣게 된다. 그렇기 때문에 부유한 사람들조차 체면을 걸고서 가성비를 생각하며 소비를 하는 것이다.

그러므로 중국 소비자들에게 상품을 팔기 위해서는 '우리 상품의 가성비를 어떻게 올릴 것인가'를 생각하는 것이 매우 중요하다. 그를 위해 먼저 해야 할 일은 우리 상품의 가성비를 '중국 소비자의 시선'으로 재검토하는 것이다. '중국 소비자의 시선'에는 두 가지 의미가 있다. 하나는 외국인의 사고방식이 아닌 '중국인의 사고방식'으로 가성비를 검토하는 것. 다른 하나는, 소비자가 물건을 고를 때 그렇듯이 '경쟁 상대인 유사 상품과 상대적인 차이'를 생각하며 가성비를 고려하는 것이다.

너무 좋은 상품과 서비스는 오히려 중국에서는 과잉일 수 있다

중국에서 판매되는 외국 기업의 상품 중에는 중국 소비자들이 보기에 쓸데없이 품질이 좋은 경우가 많다. 10년을 써도 망가지지 않는 텔레비전이나 도착 시간을 지정할 수 있는 택배 회사 등이 한 예다.

중국인은 단순히 택배 물건을 받기 위해 자신의 스케줄을 바꾸는 상황 자체를 좋아하지 않는다. '도착하는 시간을 미리 정할 게 아니라, 집에 있을 때 전화하면 바로 배달해 주는 것'이 중국에서 원하는 택배 서비스의 형태이다.

이렇듯 쓸데없이 과잉된 품질을 제공하고 비싼 가격을 받으려고 하면 중국 소비자들은 당연 외면한다. 그보다는 평균적인 품질을 지향하고 가격을 낮춰 자기 상품의 가성비를 강조할 필요가 있다.

그다음에는 상품의 성능(가격, 품질)을 중국 소비자들에게 잘 이해시키려는 노력이 필요하다. 중국에서는 그다지 유행하거나 퍼지지 않은, 새로운 성능을 가진 상품을 판매하려 할 때는 '왜 이 제품이 좋은가?', '이 물건은 어떻게 사용하는가?', '이것을 사면 이용자에게 어떤 점이 이득인가?' 등을 귀찮을 정도로 설명해야 비로소 중국 소비자들을 움직일 수 있다.

"해보게 하고, 들게 하여 인정하게 만들지 않으면 사람은 움직이지 않는다."는 야마모토 이소로쿠(제2차 세계대전 당시 일본 해군대장—옮긴이)의 명언이 있다. 중국에서는 그만큼 적극적으로 소비자들에게 성능이나 품질, 가격을 이해시키려는 노력과 각오가 필요하다.

TIP. 7

★ 중국인은 일반 소비자들보다 물건의 가성비를 훨씬 더 꼼꼼히 따진다.

★ 아무리 좋은 기능이라도 중국인이 보기에는 쓸데없는 기능일 수 있다. 자사의 제품이나 서비스를 검토하여 중국 시장에서의 가성비를 높이도록 노력해야 한다.

08 무조건적인 무료 샘플 배포는 부메랑이 될 수 있다

대부분 새로 선보이는 화장품을 판매할 때, 풀사이즈 외에도 미니 사이즈나 무료 샘플을 따로 준비하는 경우가 많다. 처음으로 새로운 화장품을 이용하는 소비자의 입장에서 볼 때, 이것이 자신에게 맞을 지 어떨지 모르는 상황에서 용량이 많은 풀사이즈 상품을 구입하는 것 은 좀 주저가 되기 때문이다. 그래서 가격도 싸고 용량도 적은 미니사 이즈 제품이나 무료 샘플을 제공하여 상품을 홍보하는 것이다. 이런 방식은 이미 상식으로 자리 잡은 방법이지만, 중국에서 이것은 비상 식적이라고 볼 수 있다.

- 중국에는 미니사이즈가 안 팔린다.
- 무료 샘플은 효과가 있으나, 제품을 구매한 사람들에게만 배포하는 것이 좋다.

그 이유는 무엇일까? 중국 소비자의 특성에서 그 답을 찾을 수 있다.

미니사이즈는 가성비가 낮다

우선 미니사이즈 제품은 풀사이즈보다 가성비가 나쁘기 때문에 중국 소비자들의 선택을 받지 못할 확률이 높다. 가령 200ml인 풀사이즈가 200위안인 클렌징크림일 경우, 미니사이즈는 50ml에 일반적으로 80위안 정도로 책정된다. 두 용량의 가성비를 따져 보면, 풀사이즈가 1.0(ml/위안), 미니사이즈가 0.625(ml/위안)이다. 수치에서 볼 수 있듯이 압도적으로 풀사이즈의 가성비가 우수하다. 내용물이 똑같다면 가성비가 좋은 제품을 구입하는 것이 바로 중국 소비자들이다.

그런데 갑자기 풀사이즈를 구입하면 상품이 자신에게 안 맞을 수도 있다는 것은 중국 소비자들 또한 알고 있다. 그렇기에 상대적으로 훨씬 주의 깊게 인터넷에서 상품평을 검색하거나, 친구에게 물어보는 등 만반의 준비를 한다. 이렇게 충분한 조사를 끝낸 후에야 비로소 가성비가 높은 '풀사이즈'를 구입하는 것이다.

실제로 중국에서 미니사이즈를 판매하는 화장품숍은 대부분 일본계이다. 그러나 미니사이즈는 가격을 대폭 할인해서 풀사이즈의 가성비와 비슷할 만큼 만들지 않는 한 잘 팔리지가 않는다.

무료 샘플은 고객이 물건을 구입한 뒤에 배포하라

무료 샘플은 물건을 구입하기 전이 아니라 구입한 후에 배포해야 한다. 물론 중국에도 무료 샘플을 써보고 마음에 들어서 본 상품을 구입하는 소비자가 있을 수 있다. 그러나 그보다 훨씬 많은 사람들이 이런 무료 샘플을 악용하는 경우가 많기 때문이다.

고객이 가게를 반복 방문하여 무료 샘플을 모은 후 그것을 인터넷에 올려 판매하는 경우를 자주 볼 수 있다. 비단 이런 행동을 하는 것은 손님뿐만이 아니라 점포의 무료 샘플을 무단으로 빼돌려서 인터넷에 파는 점원도 있다. 중국에서는 아주 주의해서 관리하지 않는 한 준비해 놓은 무료 샘플이 홍보 효과를 내기는커녕 이처럼 악용되는 경우가 흔하다.

중국에서 신상품의 샘플을 대량으로 무료 배포했던 화장품 회사가 있었다. 한데 어느 도시에서 이상할 만큼 샘플 요구량이 많았고, 본사는 그를 기이하게 여기면서도 샘플을 계속 발송했다. 결국 그 샘플들은 중국 최대의 쇼핑 사이트인 「타오바오」에서 대량으로 판매되는 신세가 되고 말았다.

중국에서는 본 상품을 구입한 사람에게만 무료 샘플을 줘야 한다. 혹은 살까 말까 망설이는 고객에게 '상품을 구입하면 보너스로 샘플을 준다'는 식으로 구매 유도용 미끼로 사용해야 한다. 될 수 있는 한, 상품을 정말로 구입하는 순간까지 미끼를 건네주지 않고 구매를 확인한 후에 사은품을 건네주는 것이 상식이다.

본 상품과 똑같은 화장품이 들어 있는 샘플을 사은품으로 붙이면, 고객 입장에서는 가성비가 올라가는 것이니 충분히 만족하는 효과를 얻게 되며, 혹 다른 상품의 샘플을 선물할 경우 추가로 홍보 효과도 볼 수 있다. 중국에서는 정말로 돈을 쓰는 고객이 누구인지 주의하면서 서비스를 제공할 필요가 있다는 것이다.

TIP. 8

★ 중국에서는 가성비를 중요시하기 때문에 상대적으로 미니사이즈가 잘 안 팔린다.

★ 상품을 구매한 고객에게만 무료 샘플을 배포하는 것이 경제적이고 효과적이다.

09 스타벅스는 왜 중국에서 유료회원제를 도입했을까?

　중국 소비자들이 가성비에 민감한 것을 이용하여 손님이 가게에 계속 찾아오도록 만드는 데 성공한 대표적인 기업이 바로 「스타벅스」이다.

　1999년에 중국에 진출한 이후, 중국 20개 도시에서 200점포 이상을 개장했고 멋쟁이들의 카페로서 중국인의 생활 속에 침투하고 있는 스타벅스. 전 세계에 퍼져 있는 스타벅스 매장은 모두 같은 디자인으로 통일되어 있고, 상품 메뉴나 서비스도 어느 나라에서나 똑같이 제공한다. 그러나 스타벅스는 중국 소비자들의 마음을 잡기 위해 중국 스타일에 맞춘 색다른 서비스를 내놓았다.

　로얄층에 해당하는 고객이 계속적으로 스타벅스에 찾아오도록 유도하기 위해 시작한 MSR(My Starbucks Reward) 프로그램은 중국 소비자에게 맞춰서는 조금 변형되었다. 이것은 모든 나라의 스타벅스에 도입된 시스템은 아니어서 모르는 사람이 있을 수도 있지만, 미국이나 서구 등의 일부 국가에도 시행하고 있는 프로그램이다. MSR 회원이 되면 스타벅스를 이용할 때마다 포인트를 쌓을 수 있고, 1년 동안 모은 포인트에 따라 여러 특전이 주어진다.

스타벅스는 중국에서 독특하게 유료회원제를 도입했다

스타벅스가 중국에서 MSR 프로그램을 운용하며 중시한 착안점은 '먼저 돈을 지불하고 나면 재이용률이 늘어난다'는 사실이다. 구체적인 설명을 위해 MSR 회원에게 주어지는 서비스에 대한 차이를 중국판과 미국판으로 비교해 볼 필요가 있다.

중국과 미국의 MSR 프로그램의 가장 큰 차이는 〈표1〉에서 볼 수 있듯이 회원이 지불해야 하는 '초기 비용'이다. 입회비가 무료인 미국에 비해, 중국은 88위안을 내고 유료로 가입해야 한다.

	중국	미국
입회비	88위안	무료
포인트 획득 기준	50위안을 지불할 때마다 별 하나	점포를 방문하거나 상품 구매 시 별 하나
웰컴레벨 특전	원 플러스 원 티켓 3장 무료 아침 음료권 1장 원사이즈 업그레이드 1장	생일 무료 음료권 1장 회원 한정인 특전 쿠폰 증정
그린레벨 특전	별 다섯 개가 모이면 그린레벨회원 생일 무료 음료권 1장 쓰리 플러스 원 티켓(한정 없음)	별 다섯 개가 모이면 그린레벨회원 커피나 홍차 무한정 리필 회원 한정인 특전 쿠폰 증정
골드레벨 특전	별 25개가 모이면 연간 골드회원 스페셜 디자인의 골드카드 증정 생일 무료 음료권 1장 쓰리 플러스 원 티켓(한정 없음) 회원 갱신 기념 무료 음료권 1장 음료 10잔에 1잔 무료	별 30개가 모이면 연간 골드회원 스페셜 디자인의 골드카드 증정 음료 12잔에 1잔 무료 회원 한정인 특전 쿠폰 증정

〈표1〉 중국과 미국의 MSR 프로그램 (출처: 미국과 중국의 스타벅스 홈페이지)

그렇다면 왜 중국에서는 입회비가 유료일까?

그것은 중국에서는 초기 비용을 유료로 하여 선불을 내게 만드는 편이 재이용률을 높이기 때문이다. 계속 강조하고 있는 부분이지만 중국의 소비자들은 주로 가성비를 생각하며 소비를 한다. 무료로 MSR 회원이 되는 것보다는 돈을 내고서 MSR 회원이 되는 편이 '기왕 낸 입회비가 아깝잖아. 될 수 있으면 스타벅스로 가서 쿠폰이나 포인트를 쓰는 게 이득이야'라고 생각하기 때문에, 보다 많은 고객들이 스타벅스로 몰리게 되는 것이다.

또한 중국에서는 8이 귀한 숫자이다. 이 숫자가 두 번 들어가 있는 88위안이라는 입회비 정책 또한, 젊은이들도 쉽게 가입할 수 있는 금액을 일부러 골라 책정한 것이다(100위안 이하). 뿐만 아니라, 먼저 88위안을 내더라도 금방 본전을 뽑을 수 있다는 인상을 주기 위해, 원 플러스 원(한 잔 사면 다른 한 잔을 무료로 줌) 쿠폰을 MSR 회원이 된 직후 바로 내주는 중국에서의 정책도 미국에서는 시행하지 않는 방식이다. 참고로 입회비로 낸 88위안은 톨사이즈로 카페모카(30위안) 3개에 해당하는 금액이다.

스타벅스는 이와 같은 방식으로 중국 고객의 충성도를 올리고, 최근 중국에서 늘고 있는 경쟁 카페들에게 손님을 빼앗기지 않도록 노력하고 있다. 또 한 가지, 중국판 MSR 서비스가 중국인의 마음을 홀리는 이유는 미국에서 배포하지 않는 쓰리 플러스 원(세 잔 사면 한 잔 무료) 쿠폰이다. 중국에서는 친구들과 그룹으로 다니며 카페를 이용하는 경우가 흔하기 때문에 쓰리 플러스 원 쿠폰이 있으면 스타벅스에 올 확률이 그만큼 높아지기 때문이다.

게다가 MSR 회원이라면 쓰리 플러스 원 쿠폰을 이용할 때, 같이 온 친구들에게 자신이 사용하는 MSR 프로그램의 쿠폰에 대해 설명을 할 것이다. 그 설명을 들은 친구들도 MSR 프로그램에 흥미를 가지고 회원에 가입할 가능성이 높아지는 것은 분명하다.

반대로 미국에서 배포하는 그린레벨의 '커피, 홍차 무한정 리필' 쿠폰은 중국 스타벅스에는 없다. 만일 중국에서 이런 특전을 준다면 혼자서 10잔, 20잔을 무료로 마시는 사람이 나오거나 여럿이서 컵 하나로 계속 리필하여 마시는 손님이 반드시 나타날 것으로 판단했기 때문이다.

하여간 이와 같이, 글로벌 매장의 선두주자인 스타벅스도 중국 소비자의 심리를 연구하여 그 메뉴를 제시하고 있다는 것을 주목할 필요가 있다. 다른 외국 기업도 이를 본받아 중국 소비자의 마음을 사로잡을 만한 상품이나 서비스를 개발할 필요가 있다는 것은 자명해 보인다.

TIP. 9

★ 중국 소비자의 특성인 가성비 중시에 맞춘 스타벅스의 마케팅을 분석하라.

★ 입회비 유료로 서비스를 제공하면 재이용률이 높아진다.

★ 3잔 주문하면 4잔째는 무료라는 서비스로 그룹 이용객을 붙잡는다.

10 오감에 기대어 충동구매를 유도하라

본능에 충실하고 지금 이 순간을 소중히 여기는 중국 소비자들도 충동구매를 자주하는 편이다. 가격의 조건이나 최저한의 상품 조건만 갖추고 있다면, 갖고 싶다고 생각한 순간 바로 구입하는 것이 바로 중국 소비자들이다. 그러므로 그들을 향한 장사라면 광고와 홍보보다도 숍 자체의 판촉 활동이 매우 중요하다. 별로 구매할 의사가 없던 상품이라도 막상 가게에 와서 '안 사고는 못 배길' 기분이 되도록 유도해 낼 수 있다면 충동구매가 이루어질 확률이 높아지기 때문이다.

가게에 찾아온 손님이 물건을 사도록 유도하기 위해 중국 가게들이 자주 사용하는 수법은 손님의 '시각, 촉각, 미각'을 자극하는 판촉 활동이다. 손님의 시선을 끄는 POP를 세우거나, 샘플 상품을 전시하여 실제로 손에 들고 만져 보게 하거나, 식료품이라면 시식이나 시음을 권장하여 손님이 '쇼핑 모드'로 들어갈 수 있게 만드는 것이다.

이러한 점내 홍보 활동은 어디서나 흔한 풍경일 수 있지만, 중국의 경우 훨씬 더 적극적이며 손님을 자극하는 데 효과적이다. 시각, 촉각, 미각뿐만 아니라 청각, 후각까지 포함하여 오감 전체를 통해 물건을 어필하며 그를 통해 손님을 부추기고 '사지 않고서는 견딜 수 없는' 상태로 몰아가는 것이다.

소비자의 오감을 전부 자극하라

구체적으로 중국인의 오감에 어필하는 점내 판매 방식의 성공 사례로는 중국에서 슈크림을 대유행시킨 「비어드 파파」라는 디저트 체인의 중국 진출 사례를 예로 들 수 있다. 당시 중국에서는 슈크림 같은 서양 과자는 단순히 혹해서 사버리는 충동구매 상품일 뿐 서양 디저트가 먹고 싶다는 생각으로 매장을 적극적으로 찾는 손님은 거의 없는 상황이었다. 그래서 비어드 파파는 충동구매를 부추기기 위해 가게 주변을 지나가는 중국 소비자들의 오감을 여러 수법으로 자극하는 방법을 사용하였다.

처음에 사용한 것은 청각이다. 비어드 파파 점포에서는 슈크림 생지가 구워지면 점원이 큰 목소리로 노래를 부른다. 우선 가게 근처에 있는 소비자들이 '뭐지?'라고 흥미를 갖게 만들도록 유도하는 것이다.

그리고 노래를 듣고서 모여든 소비자들의 후각을 자극한다. 생지가 구워지면 굉장히 달콤하고 맛있을 것 같은 냄새가 가게 주위에

쫙 퍼진다. 그 냄새를 맡은 소비자들은 눈앞에 놓여 있는 막 구운 슈크림을 맛보지 않고는 견딜 수 없게 된다. 그러는 사이 9위안씩 내고 슈크림을 충동구매하게 되는 것이다.

청각과 후각뿐만 아니라 시각도 유용하게 공략했다. 시각에 호소함으로써 충동구매를 이끌어 내려면, 상품 자체보다 더욱 중요해지는 것이 바로 행렬이다. 사람들이 잔뜩 줄을 서는 가게에 호기심을 갖는 것은 당연한 일이지만, 중국에서는 훨씬 더 큰 효과를 볼 수 있다. 중국에서는 성선설보다 성악설을 생각하는 것이 기본인 만큼, 가게나 점원이 아무리 미사여구로 물건을 소개해도 잘 믿지 않는다. 그러나 자신과 같은 입장에 있는 다른 손님들이 물건을 잔뜩 사가는 것을 보면 '좋은 물건을 팔고 있음에 틀림없어. 나도 사야지'라고 생각하고서 행렬 끝에 줄을 서게 된다.

즉 상품의 맛에 대한 객관적 평가가 되는 행렬을 전략적으로 만들어 내야 한다. 그렇다고 행렬이 너무 길어서도 안 된다. 기다리는 시간이 너무 길 것 같으면 줄 서는 것을 포기하게 되기 때문이다. 행렬의 길이가 딱 좋은 수준이 되도록 슈크림 출하 시간이나 계산의 처리 속도를 조절하는 것, 이것이 바로 점장의 장사 실력인 셈이다.

TIP. 10

★ 충동구매를 하기 쉬운 중국 소비자를 노린 가게 자체의 판촉 활동은 매우 중요하다.

★ 소비자의 오감을 자극하여 가게에 사람을 모이게 함으로써 홍보 효과를 극대화할 수 있다.

11 SNS에 음식과 함께 자신 및 동료의 사진을 같이 올리는 것은 왜일까?

트위터, 페이스북, 웨이보 등의 SNS에서 음식 사진을 업로드하는 경우를 비교해 보면 일본인과 중국인의 큰 차이를 볼 수 있다. 일본인은 음식 자체만 찍은 사진을 올리지만 중국인은 음식과 함께 먹고 있는 자신이나 친구의 사진을 같이 올린다. 이러한 일본인과 중국인의 차이를 이해하면 외국 기업이 중국 소비자 대상으로 마케팅을 준비할 때 큰 힌트를 얻을 수 있을 것이다. 이러한 일본인과 중국인의 차이는 두 가지 심리적 요인으로 설명할 수 있다.

그중 하나는 성공하기 위해 취하는 전략의 차이이다. 일본인은 튀어나온 못이 되는 것을 경계하고 피하려고 하는 반면에 중국인은 기회를 놓치지 않기 위해 스스로 튀는 못이 되려고 노력한다. 이러한 차이는 대중이 참여하는 회의나 세미나의 질의응답 시간에 발언하는 태도에도 영향을 미친다.

'묻고 싶은 게 있긴 하지만 창피를 당할지도 모르니 하지 말자'

라고 생각하며 위험을 피하는 일본인. 반면 '모처럼 온 기회니까 묻고 싶은 건 다 물어보는 게 이득이다'고 생각하는 중국인. 100점을 맞지 못하면 자랑조차 하지 않는 일본인에 비해, 50점을 맞아도 당당히 자랑하는 중국인의 차이라고 할 수 있다. 음식을 먹는 사진을 찍을 때조차, 일본인은 '얼굴이 아주 잘 찍힌 사진이 아니면 SNS에 올릴 수 없다'고 생각하는 게 아닐까?

중국 소비자는 상품보다도 사람과 이어지는 관계를 더욱 중시한다

또 다른 한 가지는 '상품, 그 자체에 가치를 두는 일본인'과 달리, '상품 자체의 가치보다 사람과 이어지는 가치를 중요시하는 중국인'의 특성에서 찾을 수 있다. 중국인은 상품보다도 사람과 사람 사이에 가치가 더 있다고 생각한다.

'상품은 언젠가 부서질 수 있고 도둑맞을 수도 있다. 상품을 잘 관리하는 데 성공하더라도 상품 고유의 가치가 갑자기 높아지진 않는다. 반면에 사람과의 신뢰 관계는 믿음을 잃어버리지 않도록 노력만 하면 언제까지나 부서지지 않는다. 또한 무한의 가능성을 품고 있다. 어느 날 무일푼이 되더라도 사람과의 신뢰 관계만 있다면 살아갈 수 있다.'

중국인은 이렇게 생각한다. 개인적으로는 이러한 중국인의 사고관에 관심이 더 끌리는 것은 사실이다. 사람이 중심이고 상품은 어디까지나 종속된 부품일 뿐. 사람과의 관계를 보다 깊게 만들기 위해 상품이 존재한다는 것은 어쩌면 당연하다.

하여간 중국 소비자의 특징은 사람에게 보이기 위해 상품을 사는 경향이 있다는 것이다. 사람과 함께 즐기기 위해 상품을 산다. 중국인은 '무엇을 살 것인지보다 누구와 함께 쇼핑을 하고 있는가가 더 중요하다'고 생각한다. 여행을 할 때에도 어디에 갈 것인가보다 누구와 함께 갈 것인가가 더 중요한 것처럼 말이다.

식사는 친구나 지인과의 인간관계를 깊게 만들기 위한 수단에 지나지 않는다. 웨이보 같은 SNS에 친구나 지인과 함께 찍은 사진을 올림으로써 다른 사람들에게 자신의 인간관계를 어필할 뿐 아니라, 사진 속의 친구에게도 "나는 너를 무척 소중하게 여긴다."는 메시지를 보내는 것이다.

가장 좋아하는 것은 자기 자신이다

이렇게 사람을 중요시하는 중국인들이 그중에서 가장 좋아하는 것이 바로 자기 자신이다. 일본인 중에서도 자기 자신을 가장 좋아하는 사람은 많겠지만(사실 나도 그렇다), 그것을 당당히 드러내려고 하지는 않는다. 하지만 중국인은 당당히 자신을 사랑한다는 것을 타인에게 가감 없이 보여 준다. 그것은 휴대폰의 대기화면이나 컴퓨터의 배경화면을 보면 쉽게 알 수 있다. 나이와 상관없이 많은 중국인들이 자신의 사진을 배경으로 설정해 놓기 때문이다.

단, 중국인은 자기 자신을 좋아한다고 당당히 드러내는 것치고는 다른 사람들의 평판에 무척 신경을 쓰는 편이기도 하다. 이러한 중국 소비자들의 방향성을 이해한다면, 상품의 품질이나 성능만 내세운 광고만을 한다는 것은 중국 시장에서 곧 실패를 의미한다는 사실도 깨달을 수 있을 것이다.

몇 년 전에 유행했던 온라인 기성복 회사인 「판커(VANCL)」는 '나는 평범하다(나는 평범하지만 개성이 있다)'는 캠페인을 진행했다. 상품을 통해서 자기 자신을 자랑할 수 있다는 광고 내용, 친구나 지인들과의 커뮤니케이션에 활용할 수 있는 내용을 제시하는 마케팅 활동을 펼쳤던 이 회사는 중국에서 한층 더 성장했다.

중국 소비자의 시점에서 봤을 때, 우리 회사의 상품이 나 자신을 어필하는 데에 쓸 수 있는가? 혹은 친구와의 관계를 돈독히 하는 데 쓸모가 있는가? 등을 검토하는 것은 반드시 필요하다. 중국에서 사업을 할 때는 이러한 요소가 열쇠가 될 것이다.

TIP. 11

★ 중국 소비자는 상품 자체보다도 상품을 통해 자신과 친구들과의 관계를 돈독히 하고 싶어 한다.

★ 이 상품이 중국 소비자에게 있어 자신을 빛내고 친구들과의 관계를 깊게 만들어 줄 수 있을지 또는 그것을 어떻게 부각시킬 수 있을지 검토해야 한다.

12 희귀성을 가진 프리미엄 전략으로 상품 가치를 높여라

중국에서 인기 폭발인 IT 기기가 있다. 보안 포털로 브라우저와 검색 엔진을 개발하는 중국의 거대 IT 기업 「치후 360」이 판매하는 '수신(隨身, Wi-Fi)'이 그것이다.

유선 LAN으로 인터넷에 연결되어 있는 컴퓨터에 USB 메모리 사이즈의 수신 Wi-Fi를 꽂으면, 컴퓨터의 유선 인터넷을 Wi-Fi로 바꿀 수 있다. 게다가 이 수신 Wi-Fi의 가격은 19.9 위안으로, 이것은 가격 파괴라고 부를 만한 가성비이다.

이 정도로 가성비가 높은 상품이지만, 안타깝게도 쉽게 구매할 수는 없다. '한정 수량 발매'이기 때문이다. 30만 대 한정으로 발매했는데 19분 만에 다 팔리고 말았다. 이렇게 압도적인 성능과 기능, 가성비가 있는 상품의 경우라면 한정 수량 전략이 매우 유효하다.

화제를 만들기 위해 적게 만들고 한정 수량으로 판매한다

인터넷에서 10만 대 한정 발매된 고 가성비의 스마트폰(가격은 799위안인데 2000위안 정도의 성능) 「홍미노트」는 90초 만에 품절된 적이 있고, 또한 얼굴 사진을 예쁘게 찍을 수 있는 (자동 수정 기능을 갖춘) 「MEITU KISS」는 발매를 개시하자마자 52분 만에 18,888대가 전부 판매되었다. 그 후에도 수천 대씩 한정 수량으로 발매하였는데, 전부 20분 이내에 품절되었다. 수신 Wi-Fi만이 아니라 홍미노트나 MEITU KISS도, 어느 정도의 규모로 물품을 생산할지 정해 놓지 않으면 가격대를 맞출 수가 없다. 그래서 이런 식으로 소량 생산을 하며 수량 한정 발매를 하는 것이다.

디지털 제품 이외에도 한정 수량 전략은 얼마든지 사용이 가능하다. 가령 상하이에서 무척 인기가 높은 39위안의 치즈버거 숍 「엉클 테츠(UNCLE TETSU)」가 대표적인 예이다. 다 구울 때까지 오래 걸린다는 점과 한 사람 앞에 한 개씩밖에 팔지 않는다는 규정을 이용해 전략적으로 가게 앞 행렬을 유도해서 한 점포마다 하루에 700개씩 버거의 판매에 성공하고 있다.

성능이 훌륭하고, 가성비도 압도적으로 높은 매력적인 상품을 일부러 한정 수량으로 내놓아 더 큰 화제를 일으키고, 효율적으로 지명도를 올리는 방법은 특히 중국에서는 효과가 매우 좋다.

상품 자체의 매력도 있지만, 구매 가능한 기회가(적어도 형식적으로는) 일부의 특권층 및 부유층뿐만이 아니라 일반 소비자들에게도 공평하게 주어진다는 사실, 그리고 무엇보다 구매 및 사용 후에는 주변의 부러운 시선을 한 몸에 받는다는 것 그 자체가 한정 수량 상품 전략의 가치를 더욱 올려 주는 것이다. '한정 수량 프리미엄 전략'을 자사의 상품과 서비스에 어떻게 활용할 수 있을지 한번 검토해 보도록 하자.

TIP. 12

★ 일부러 수량을 적게 만들어서 화제를 만들고 지명도를 올리는 '한정 수량 전략'은 매우 효과적이다.

★ 한정 수량 상품은 상품의 구매 기회가 공평해야 하고, 또 주변에서 부러워하는 등의 높은 가치를 가지는 상품이어야 한다.

13 사야 될 이유보다 사지 않는 이유에 주목하라

어디에서나 마찬가지겠지만 특히 중국에서 상품이나 서비스를 판매하고 매출을 높이는 것은 쉬운 일이 아니다. 중국 시장에서 새로 진입하는 입장인 외국 기업이 이미 선점하고 있는 중국 기업이나 다른 기업들의 경쟁 속에서 부족하기 짝이 없는 예산으로 싸워야 하는 상황이니 그 어려움이야 말로 이루 다할 수 없을 것이다.

상품에 자신이 있는 외국 기업 대부분이 '중국 소비자들의 눈에 우리 상품이 비쳐지기만 한다면, 분명히 이것을 선택하고 사줄 것이다'라고 생각하는 경향이 있다. 그를 위해 지혜를 짜내고 없는 예산으로 광고료와 마케팅비를 지불한다. 어쨌든 손님만 모이면 판매량이 늘어날 거라고 생각하는 것이다.

그것도 중요하긴 하다. 하지만 중국의 경우, 그전에 반드시 해야만 하는 일이 있다. 중국 소비자들이 물건을 사지 않을 이유를 없애야 하는 것이다.

'사전 체크'는 필수

중국 소비자들은 조심성이 많기 때문에 상품을 사기 전에 반드시 사전 체크를 한다. 그리고 사전 체크에 아무것도 걸리지 않은 제품만이 쇼핑 대상으로 걸러진다. 반대로, 이 사전 체크 작업에 하나라도 의문점이 보이는 제품은 바로 제거된다는 점에 유의해야 한다.

아무리 상품 자체의 품질이 좋아서, 아무리 많은 소비자들 눈에 띈다 해도, 이 사전 체크를 통과하지 못하면 매출은 결코 오를 수가 없다. 그러니 '사서는 안 될 이유를 제거한다'는 작업이 얼마나 중요한지 이해할 필요가 있다. 사전 체크에 대한 대비 없이 광고료를 써서 손님을 모은다 해도 아무런 소용이 없는 것이다.

그렇다면 중국 소비자들은 어떤 방식으로 사전 체크를 하는 것일까? 인터넷 판매 업체 중에서도 가장 큰 「Tmall」의 사례를 들어 보도록 하겠다.

중국인 소비자들이 상품을 사기 전에 반드시 체크하는 것이 바로 판매 실적이다. Tmall에서는 각 인터넷 점포들이 예전에 팔았던 상품들의 판매 실적이 공개되어 있다. '옛날에 어떤 상품을 얼마나 팔았던 곳인가'가 한눈에 들어오는 것이다. 중국 소비자들은 그곳에서 물건을 살지 말지를 결정하기 전에 판매 실적이 어느 정도였는가를 반드시 확인한다.

'상품을 많이 판 곳은 다른 손님들에게 선택받은 곳이니 안심할 수 있지만, 판매 실적이 좋지 못한 가게는 인기가 없는 이유를 갖

추고 있을 테니 이용하지 않는 것이 좋다'고 판단하는 것이다. 그런데
처음으로 등록하고 판매를 시작할 때는 당연히 판매 실적이 하나도
없는 상태이기 때문에 아무리 광고비를 지출하고 손님을 모아도 매출
이 오르지 않는다. 그렇다면 어떡해야 할까?

처음에는 스스로 자기 물건을 사서라도 억지로 판매 실적을 올릴
수밖에 없다. 또한 중국 소비자들은 매장 전체의 판매 실적뿐만 아니
라, 사고 싶은 상품의 판매 실적도 보기 때문에 그것에 대한 대비도
갖춰야 한다.

인터넷에 좋은 입소문을 흘린다

판매 실적 이외에도 중국 소비자들이 사전에 체크하는 부분이
있다. 바로 사려고 생각하는 상품의 입소문이다. 중국 소비자들은
자신이 지금까지 산 적이 없는 상품이나 서비스를 사려고 할 때에
는 거의 대부분이 해당 상품의 평가나 리뷰를 검색해 본다.

Tmall 안에서도 그 상품을 산 사람의 평가나 의견을 볼 수 있
다. 그러나 그뿐만 아니라 블로그, 웨이보(微博, 중국판 트위터) 등
에 쓰여 있는 해당 상품의 입소문이나 정보를 검색하여 정말로 살
가치가 있는 상품인지를 알아본다(Tmall에 있는 상품평은 마케팅
일환으로 썼을 가능성이 높기 때문에 신뢰도가 낮은 편이다).

상품이 아무리 좋아도 인터넷에 좋은 평이 없으면 중국 소비자
들은 구입하지 않는다. 반대로 말해, 이제부터 상품을 팔려는 사람
은 본격적으로 판매를 개시하기 전에 인터넷에 좋은 입소문이 퍼

지도록 손을 쓸 필요가 있는 것이다. 즉, 바이럴 마케팅이 중국에
서는 상당히 효과적인 마케팅의 일환이라고 할 수 있다.

인터넷뿐만이 아니라 오프라인 가게에서도 조금만 신경 쓰면
중국 소비자들이 물건을 '사지 않을 이유'들을 없앨 수 있다.

- 식품 포장지의 일부를 투명 종이로 제작해서 소비자가 속 내용을 볼 수 있도록
  한다.
- 디저트를 컬러풀하게 장식하지 않는다(색깔이 화려하면 첨가물이 많다고
  생각한다).

이렇듯 중국에서는 판매를 시작하기 전에 먼저 중국 소비자의
시선으로 마이너스 요인(위화감이나 부자연스러움)을 없애는 것이
중요하다.

TIP. 13

★ 중국 소비자는 상품을 사기 전에 가게나 상품의 판매 실적을 확인한다. 직접 사서라
  도 실적을 만들어 두는 것도 방법일 수 있다.

★ 상품의 입소문이 상당히 중시되므로 바이럴 마케팅에 신경을 써야 한다.

14 여론을 형성할 줄 아는 자가
춘추전국시대의 승자가 된다

온라인 마케팅을 넓은 의미로 보면 매출에 직결되는 것과 매출에 직결되지 않는 것의 두 가지로 분류할 수 있다. 중국에서 이제까지 자주 이용되어 온 방법은 바로 첫 번째의 매출에 바로 영향을 주는 온라인 마케팅이다.

자사의 상품을 판매하는 사이트에 될 수 있는 많은 고객들을 모으고, 그중에서 정말로 상품을 구입해 주는 충성 고객층을 확보하는 것이다. 이 작전은 '얼마나 낮은 비용을 사용하여 효과적으로 손님을 모을 것인가'가 관건이다. 그러려면 해당 인터넷 사이트의 담당자와의 협상을 통해서 효과적인 광고를 하는 것이 중요한 부분이다. 하지만 매출에 직결되는 이러한 온라인 마케팅으로 확보한 중국 소비자들만으로는 비용 대비 파급력에 그 한계가 있어, 어떤 의미로는 지루하고 오래 걸리는 싸움으로 진행될 수 있다.

온라인 바이럴 마케팅을 통한 공략이 효과적이다

그래서 향후 더욱 중요해지는 부분은 매출에 직접 영향이 오지 않는 온라인 마케팅, 즉 '인터넷 여론'을 형성하는 바이럴 마케팅 부분이다. 일본에서는 사실 이런 방식이 다소 비열한 방법이라고 인식하는 경우가 많지만 중국의 경우에는 효과가 큰 기본적인 온라인 마케팅이라고 할 수 있다. 대부분의 중국 기업이나 외국 기업들이 당연히 사용하고 있는 상황이므로, 온라인 바이럴 마케팅을 활용하지 않으면 향후 매우 불리해질 수가 있다.

중국의 온라인 마케팅 전문가가 중국 및 외국 브랜드 상품의 인터넷 여론을 분석해 보면, 해당 브랜드 상품에 대해 자주 의견을 표명하는 오피니언 리더가 누구인지를 확인할 수 있다고 한다. 즉 대부분의 브랜드는 그 오피니언 리더가 자사의 브랜드 상품에 유리한 발언을 하도록 하여, 이미 마케팅적으로 활용하고 있는 것이다. 그리고 그 오피니언 리더들은 해당 브랜드에 좋은 평을 해줄 뿐만 아니라, 경쟁 상대인 타 브랜드를 비방하는 의견도 퍼뜨리곤 한다.

그러므로 경쟁 기업들도 무방비 상태로 공격당하기 전에 방어 수단으로서 인터넷 여론의 움직임을 형성할 방편을 확보해 놓아야 한다. 가까운 장래에 주요 브랜드들은 모두 다 춘추전국시대와도 같은 상황에 말려들게 될 것이다.

특히 입소문이 판매의 주요 원인이 되는 상품(카메라, 미용, 아동 대상 상품 등)을 취급하고 있다면, 자사 브랜드에 유리한 여론을 형성할 수 있도록 준비할 필요가 있다.

화제를 뿌려 두고 불을 붙인다

그뿐만이 아니다. 신상품의 지명도를 올리려면, 텔레비전이나 잡지 등 오프라인 광고보다는 세간에 영향을 미치는 온라인 마케팅 쪽이 더 효율이 좋고 효과적이다. 중국 소비자(특히 중심 소비층인 80년대생)의 관심도가 오프라인에서 온라인으로 움직이는 추세이고, 텔레비전이나 잡지 등 오프라인 광고보다 온라인 마케팅을 하는 편이 더 저렴한 비용으로 동일한 효과를 얻을 수 있기 때문이다. 이런 점을 생각하면 이후 온라인 마케팅이 더 주류가 될 것이다.

구체적으로 설명하면, 인터넷에서 커다란 화제가 될 만한 재료를 미리 준비해 두고 타이밍과 장소를 정해서 불을 붙이는 방법이 필요하다. 그런 방법을 통해서 그 화제와 연결된 신상품의 지명도를 함께 올릴 수 있기 때문이다.

이전까지 사용되어 온 텔레비전이나 잡지 등, 오프라인에서의 광고와 홍보는 기획 내용이 가장 중요할 수 있지만, 온라인 마케팅에서는 기획 자체보다도 일단 불을 붙인 뒤 운용하는 뒷심이 더욱 중요하다. 살아 있는 생물체와 같이 변화무쌍하게 움직이는 인터넷 여론에 불을 붙이려면 온갖 미세한 요소에 신경을 써야 하고, 그 조정 결과에 따라 승패가 갈리게 된다.

TIP. 14

★ 온라인 바이럴 마케팅을 통해서 인터넷 여론을 형성하는 힘을 가져야 한다.

★ 자사 브랜드에 유리한 세간을 형성하기 위해서는 온라인의 힘이 필요하다.

15 광고보다도 구매의 최종 단계에 덫을 놓아라

　앞에서도 이미 언급한 적이 있지만, 중국에서는 광고보다도 가게의 판촉 활동이 매우 중요하다. '중국에서는 쇼핑 전에 사려는 브랜드 상품과 또 다른 브랜드 상품을 비교해 보는 고객이 67% 이상'이라는 조사 결과가 있다. 미국에서의 조사에서는 30%였다는 점을 감안하면 중국에서 가게 판촉이 얼마나 중요한지를 알 수 있다. 즉, 중국에서는 아무리 많은 광고를 통해서 상품에 대한 소비자의 구매욕을 높였다 하더라도, 마지막에 손님이 어떤 상품을 고를지 결정하는 순간에는 역전될 가능성이 충분하다는 것을 의미한다.

　위의 설명으로 어느 정도 중국에서의 판촉의 중요성은 이해했으리라 본다. 그러나 대부분의 외국 기업들이 중국 시장에서 가게 판촉을 효과적으로 진행하고 있다고 보기는 어려운데 그 원인으로 중국 시장 특유의 혼돈과 복잡함을 들 수 있다.

　중국에서는 체인점의 본사에서조차 체인점을 완전히 통제하지 못한다. 따라서 본사가 계획한 지점 프로모션은 사실상 7할 이상 실행되지 못한다고 봐야 한다. 신상품 발매와 동시에 막대한 광고를 하며 사방에 프로모션을 진행하려 계획해도 발매일이 지나도록 각 점포에 상품이 진열되지 않거나, 가게 판촉용으로 점포에 POP를 보내도 그것이 제대로 게시되지 않는 경우가 비일비재하기 때문이다.

넓고 복잡한 중국에서는 통일된 판촉 활동이 쉽지 않다

그래서 땅도 넓고 인구도 많은 중국 시장에서는 복잡하게 나뉜 상황에 따라 각 점포의 판촉 스타일을 바꾸는 편이 더 효과적이다. 그러나 실제로 많은 외국 기업들은 모든 점포의 판촉 스타일을 통일하려는 우를 범하는 경우가 많다.

넓은 중국에서는 각 지역마다 점포의 판촉을 다르게 하여 해당 고객들에게 어필할 필요가 있다. 어느 브랜드를 선택할지 결정하는 판단 기준이 중국 내에서도 지역에 따라 다르기 때문이다.

예를 들어, 북쪽에서는 '유명한 브랜드인지 아닌지'가 상품을 고를 때 가장 중요한 기준이 될 수 있지만, 남쪽에서는 '가격이 싼지 비싼지, 쓰기 편한지 어떤지'가 더 중요할 수 있고, 동쪽에서는 '가성비가 좋은가', 서쪽에서는 '상품에 대해 자세한 설명을 들을 수 있는가'가 가장 중요한 사항이 될 수 있는 등, 지역에 따라 상당히 분위기가 다를 수 있다. 따라서 같은 시기에 같은 상품의 판촉 활동을 하는 경우에도 지역에 따라 어필하는 내용 및 지향점을 바꾸는 것이 더 효과적이다.

슈퍼마켓에서 '소스'를 가지고 고객에게 그 소스를 쓴 요리를 시식하는 판촉 활동을 한다면 그 소스를 사용한 요리는 각 지역의 소비자에게 인기 있는 음식이 무엇인지에 따라서 당연히 다르게 해야 할 필요가 있다는 것이다.

1급 도시와 3급 이하의 도시도 당연히 판촉 활동을 다르게 해야 한다(중국에서는 인구나 경제 상태, 정치적 중요도에 따라 도시를 1급에서 6급으로 분류한다). 가령 미국 브랜드의 해바라기유를 숍에서 판촉하는 경우라면, 1급 도시에서는 '외국인 요리사'를 보여주며 해외 브랜드라는 점을 강조하는 편이 잘 팔리지만 3급 이하의 도시에서는 외국인 요리사보다 '전형적인 중국 주부'를 내세우는 편이 더 효과적이다. 또한 남성 대상의 상품을 판촉할 경우, 동쪽의 1급 도시에서는 아름다운 여성 모델이 인기가 있지만, 서쪽의 시골에서는 그런 여성 모델을 내세우면 오히려 남성 소비자들이 꺼리며 반감을 살 수 있다.

1급 도시에서 일하는 직장 여성의 경우, '인터넷에서 충분히 알아본 후 가게를 찾아간다'는 특징이 있다. 지식을 충분히 갖춘 직장 여성은 가게에 찾아가서 홍보하는 직원의 지식을 시험하는 질문을 잔뜩 던지며 상대를 테스트하는 경우도 있다. 이때 상대가 적절하게 대응하지 못하면 당연히 상품을 절대로 구입하지 않는다. 따라서 그러한 손님을 타깃으로 삼을 경우에는 해당 상황에 대응할 수 있을 만한 지식을 직원에게 교육하는 것이 필요하다.

이와 같이 중국에서는 지역의 특성에 따라 가게 판촉 활동을 바꾸면서, 상품을 선택하는 마지막 근접전에서 승리를 노리는 것이 매우 중요한 열쇠이다.

16 고객의 변심은 무죄, 고민할 순간을 주지 마라

중국 소비자를 상대로 장사를 할 경우, 단순히 구경하러 온 사람들을 단숨에 구입까지 끌어들이는 것이 가장 중요하다. 중국 소비자들은 비교적 변덕이 심한 편에 속하기 때문에 잠시 방심하면 고객의 시선이 바로 다른 곳으로 돌아가기 쉽고, 그렇게 놓친 손님은 두 번 다시 돌아오지 않는다는 것을 명심해야 한다.

물론 고객을 유혹하여 바로 구입까지 끌어들이는 그런 훌륭한 판매원은 그다지 흔하지 않다. 온 거리에 흘러넘치는 매력적인 수많은 상품들 사이에서 우리 상품이 가장 먼저 눈에 띄도록 유도해야 하고 고객이 상품에 흥미를 표한 그 짧은 순간에, 상품을 사고 싶다는 욕구가 끓어오르도록 중국 소비자들의 까다로운 소비 조건을 전부 통과해야 한다. 살 마음이 들어서 지갑을 꺼내 든 순간, 마음이 바뀌기 전에 재빨리 현금이나 카드를 받아서 바로 결제하는 것도 하나의 기술이다.

고객을 유혹하여 바로 상품을 파는 훌륭한 판매원은
많지 않기에 분업이 필수이다

이러한 일련의 과정을 전부 능숙하게 처리하는 다재다능한 판매원은 많지 않다. 게다가 그런 판매원이 있다고 해도 잘못하면 다른 가게에 빼앗겨 버리기 때문에 좋은 인력을 확보하는 것은 쉽지 않다. 이렇게 희소가치가 높은 '단기간에 고객들을 부추겨서 상품을 사게 만드는' 판매원이 없다면, 이 모든 과정을 한 사람이 전부 하는 것이 아니라 역할 분담을 통해 분업화하는 것이 좋다. 고객을 끌어들이는 '선발 담당'과 구입을 결정하게 만드는 '중간책', 계산을 재빠르게 처리하는 '마무리'의 황금 트리오를 만들어 판매 시스템을 만드는 것이 필요하다.

예를 들어, 남성 대상의 휴대 단말기 판촉 이벤트에 '선발, 중간책, 마무리'로 역할 분담을 시켰다고 가정해 보자. 우선 선발 투수로서 아름다운 여성을 보내어 남성 고객들을 카운터로 데리고 온다. 카운터에 온 남성 고객들은 '풍부한 전문 지식과 능숙한 언변'을 갖춘 중간책의 설명을 듣는다. 그리고 손님이 '살까 말까' 고민하는 순간, 계산 담당자인 마무리가 들어와서 마음이 변하기 전에 재빨리 마지막 과정을 처리하는 방식이다. 이러한 시스템을 구축하여 고객이 쇼핑을 끝낼 때까지 다른 것에 시선을 돌리지 못하도록 하는 것이 중국 소비자를 상대로 하는 장사에서는 매우 중요하다.

중국에서는 주말마다 가전 대리점의 휴대 전화 코너에서 위와 같은 판촉 활동을 하는 사람들이 백 명에 이르는 경우도 흔하다. 이런 상황에서 고객을 5초라도 놔두면 바로 경쟁사의 판촉원에게 빼앗기게 된다. 그런 일이 없게 하려면 한 사람에게 모든 역할을 담당하게 하는 것보다 여럿이서 역할을 분담하여 판촉 활동을 진행하는 편이 매출에 도움이 될 것이다.

TIP. 16

★ 중국 소비자는 변덕이 심한 편이어서 단시간에 구입까지 몰고 가야 한다.

★ 역할 분담을 통하여 일사천리로 고객이 상품을 구입하게 해야 한다.

---

17 눈에 확연히 보이지 않는다면 그것은 서비스가 아니다

중국에는 '새벽 2시에도 기다리는 줄이 있는' 것으로 유명한 인기 레스토랑이 있다. 베이징, 상하이, 천진, 난징, 시안 등 24도성에 90개의 지점을 갖고 있는 「하이디라오 훠궈」라는 훠궈(중국식 샤부샤부) 레스토랑이다.

'하이디라오에 가본 적 없는 사람은 중국 비즈니스를 논할 자격이 없다'는 말이 있을 정도이니, 중국 비즈니스에 관심이 있지만 아직 하이디라오에 가본 적이 없다면 한 번은 꼭 방문해 보는 것이 좋다.

하이디라오의 인기 비결은 바로 '접객 서비스'에 있다. 중국에서는 하이디라오 훠궈 외에도 좋은 접객 서비스를 제공하는 식당이 있지만, 대부분은 가격이 비싼 고급 레스토랑이다. 가격을 비싸게 책정하고 우수한 직원을 고용함으로써 멋진 접객 서비스를 제공하는 것이다.

저렴한 가격에 고급 레스토랑 이상의 서비스가 필요하다

그러나 하이디라오는 그러한 고급 레스토랑이 아니다. 일인당 식사 원가가 100위안 정도밖에 되지 않는데 고급 레스토랑 이상의 접객 서비스를 제공하고 있다. 환대 서비스를 받아본 일이 없고, '고객은 왕이다'라는 서비스 개념이 아직은 정착되지 않은 중국에서 '접객 서비스'를 판다는 것은 보통 대단한 일이 아니다. 그렇다면 과연 하이디라오가 제공하는 서비스는 무엇일까?

하이디라오의 접객 서비스는 고객이 예약 전화를 걸어온 순간부터 시작된다. 예약 전화를 건 고객에게는 '저희 가게는 처음이신 가요?'라고 묻는 것이 첫 번째다. 처음 오는 고객에게는 특히 더 좋은 서비스를 제공하여 다시 찾아오게끔 만들기 위함이다.

또한 예약하지 않고서 식사 시간대에 하이디라오로 찾아가면, 거의 100% 확률로 줄을 서서 기다리게 된다. 아무리 접객 서비스가 좋은 가게라도 오랫동안 기다리게 되면 고객들의 만족도가 떨어지게 되겠지만, 하이디라오는 그에 대한 대비책을 충분히 세워 놓고 있다.

대기하는 고객들이 기다리면서 지치지 않도록 책상과 의자를 준비하고, 거기 앉은 손님들에게 과자나 음료 등을 무료로 제공하는 것이다. 게다가 기다리는 고객들 대상으로 무료로 네일아트를 해주거나 구두를 닦아 주기도 한다.

고객이 가게 안으로 들어가면 하이디라오의 접객 서비스가 본격적으로 시작된다. 우선 직원들이 모두 미소를 띠고 있어 여기가 중국이 맞나 착각할 만큼 접객 태도가 철저하다. 가게 안이 깨끗하고 청결한 것은 말할 필요도 없고, 특히 화장실의 경우 그곳만 전문적으로 청소하는 직원이 있어서 고객이 화장실에서 나오면 바로 청소를 한다.

또한 화장실에서 나와 손을 씻으려고 하면, 다른 직원이 다가와서 물을 틀고 비누를 건네준다. 세면대 앞에는 칫솔과 치간칫솔, 껌 등이 놓여 있으며 고객이 얼마든지 무료로 사용할 수 있다.

자리에 돌아와서도 마찬가지이다. 훠궈의 뚜껑은 반드시 직원이 열어 준다. 고객들에게 뜨거운 물수건도 나눠 주는데, 30분마다 새로운 것으로 교체해 준다(사용감이 없어도 무조건 바꿔 준다). 손님이 재채기라도 하면 가까이 있던 점원이 휴지를 가져온다. 국수를 주문하면 면을 빙글빙글 돌리는 쇼를 보여 주며 고객을 즐겁게 해준다.

가족을 대하는 서비스도 매우 철저하다. 아이를 데리고 가면 별다른 말을 하지 않아도 아이용 젓가락을 준다. 아기를 데리고 간 사람들에게는 아기를 재울 수 있는 조그만 침대도 제공한다. 훠궈를 좋아하지 않는 아이들을 위해 여러 종류의 장난감을 준비해 놓았는데, 한 가지는 골라 가져갈 수 있다. 물론 무료이다.

게다가 일류 호텔인 리츠칼튼이 그렇듯, 더 좋은 서비스를 위해 점원에게 여러 권한을 주고 있다. 가령 손님으로 온 아이가 아이스크림을 먹고 싶다고 하면, 점원은 근처 슈퍼로 가서 직접 사온 아이스크림을 아이에게 줄 수도 있다. 모든 점원은 손님에게 요리를 할인해 주거나 무료로 내줄 수 있는 권리를 가지고 있다. 점장에게는 손님의 만족도를 올리기 위해 본사의 허가 없이 쓸 수 있는 예산이 연간 100만 위안 정도 주어진다.

손님이 계산을 마치고 돌아갈 때에도 서비스는 계속된다. 손을 대지 않고 남긴 야채는 환불할 수 있다. 갑자기 비가 오면 우산을 무료로 빌려준다(사실상 그냥 주는 것이나 마찬가지이다).

중요한 것은 바로 '눈에 보이는 것'이다

중국에서 평가가 매우 좋은 하이디라오의 접객 서비스를 보면, 외국 기업들이 중국에 진출할 때 어떻게 해야 할지 힌트를 얻을 수 있다. 그것은 바로 '눈에 보이는' 서비스를 제공하는 것이다.

손님이 서비스를 눈치채지 못할 만큼 자연스럽게 행동하는 것이 가장 좋은 방식이라고 생각하는 경우도 있지만, 중국에서는 철저히 그 반대여야 한다.

좋은 서비스에 익숙하지 않은 중국인조차도 자신이 서비스를 받고 있다는 것을 알 수밖에 없을 만큼 노골적으로 제공하는 서비스가 필요하다. 줄 서서 기다리는 고객들에게 제공하는 네일아트도, 국수 퍼포먼스도, 화장실 세면대의 서비스도 모두 다, 아무리 둔감한 사람이라도 자신이 특별한 서비스를 받고 있다는 것을 모를 수가 없는 행위들이다.

눈에 보이는 서비스는 매뉴얼로 만들기 쉽다는 게 특징이다. 개인적인 역량과는 별도로 새롭게 채용한 점원에게도 비교적 빨리 습득시킬 수 있는 서비스들이기도 하다. 점원에게 접객 서비스를 가르칠 때 '손님으로 하여금 마치 집에 있는 것처럼 느낄 수 있게 행동하라'고 가르치는 것보다, 구체적으로 이것저것을 하라고 가르치는 편이 훨씬 이해하기 쉬운 것은 당연하다.

중국의 사정을 모르는 외국인이 하이디라오에 가면 조금 다른 느낌을 받을지도 모른다. 수건을 바꿔 달라고 말하지 않았는데도 바꿔 주고, 화장실에서 나오자마자 청소를 하는 등, 너무도 요란스럽고 튀게 행동하는 모습이 이상하게 비춰질 수도 있다. 그런 외국인들은 하이디라오 접객 서비스가 한 70점쯤 된다고 생각할지 모른다.

하지만 그게 좋은 것이다. 중국 고객들은 100점을 원하는 것이 아니고 70점으로 충분하다. 점원 개인에게 지나치게 의지해서 100점이 나왔다가 30점이 나왔다가 하는 것보다, 안정적으로 70점의 서비스를 제공하는 형태가 중요하다.

TIP. 17

★ 중국에서의 서비스는 서비스를 받고 있다는 사실을 누구라도 알 수 있도록 노골적이어야 한다.

★ 눈에 보이는 서비스는 매뉴얼로 만들기도 쉬워 직원이 바뀌어도 안정적으로 70점의 평가를 받을 수 있다.

18 친절 서비스 대신 저가를 선택하는 사람들

2013년 일본의 가전 판매점인 「야마다전기」가 매출이 좋지 않다는 이유를 내세워 중국에 냈던 대부분의 지점을 철수했다. 일본 제품 불매 운동이 영향을 끼쳤다는 것이 일반적인 분석이지만, 내 생각은 조금 다르다. 천진에 있는 야마다전기 점포를 방문했을 때 사람이 거의 없는 광경을 목격했는데, 어쩌면 진짜 이유는 다른 곳에 있을지도 모른다.

야마다전기는 중국에서 '친절 서비스', '포인트 할인 제도' 등 일본 기업들이 가지고 있는 강점을 무기로 삼아서 앞서 나가는 경쟁사들과 상대하려 했다. 그러나 중국 소비자들에게는 이런 전략이 통하지 않았다고 생각된다. 물론 야마다전기뿐만이 아니다. 순수하게 서비스업이라면 몰라도, 중국에서는 비교적 고가의 물품을 판매하는 업종이 '친절 서비스' 같은 것을 표방한들 그것에 가치를 두고 물품에 돈을 지불하는 소비자는 없다고 봐야 할 것 같다.

어느 가게에 가도 취급하는 상품에 큰 차이가 없는 가전제품 분야에서는 결국 모든 것이 원가 경쟁으로 귀결이 된다. 몇 번이고 강조했듯이 가성비에 매우 민감한 중국인에게 있어서는 '친절 서비스' 같은 것보다도 '가격이 싸다'는 것이 훨씬 더 중요하다. 실제로 야마다전기뿐만 아니라, 중국의 거대 가전 판매 기업들도 인터넷 업체들에게 매출을 빼앗겨서 점점 위험한 상황에 놓이고 있는 추세이다.

예전 중국에서는 손님을 속이고 가짜를 파는 가전 판매점도 있었다. 그 때문에 다소 높은 가격을 내더라도, '이 가게는 친절하고 정품을 파니 믿을 수 있다'는 신용으로 장사하는 것이 가능했지만, 인터넷도 등장하고 소비자의 상품 관련 지식도 늘어난 지금에 와서는 이런 방식은 더 이상 통하지 않는다. 상품으로도 차별화할 수 없는데다, 인건비 등 기본 원가에서도 중국 기업에 뒤처지는 외국 기업으로서는 이길 방법이 없는 것처럼 보인다.

그래서 야마다전기 같은 업종에서 외국 기업이 이기려면 본체가 아니라 부속품으로 승부하는 작전이 필요하다.

예를 들어, 최근 중국에서는 집집마다 한 개 정도는 갖고 있을 정도로 DSL 카메라가 보급되어 있다. 중국에는 일본만큼이나 렌즈와 같은 부속품에 집착하는 카메라 마니아가 많은데도 불구하고, 그러한 부속품을 폭넓게 취급하는 가게가 상하이에도 별로 없다.

메이저 시장이 아닌 마이너 시장을 노려라

이렇듯, 외국 기업은 경쟁이 적고 마진이 큰 분야에서 승부해야 한다.

부속품 비즈니스의 좋은 점은 손님이 이미 본체 상품을 갖고 있기 때문에 그에 맞는 부속품밖에 살 수 없다는 사실이다. 그래서 카메라 렌즈나 전지처럼 부속품의 기능이나 품질이 중요한 업종은 중국에서 충분히 유리하게 작용할 수 있다.

또한 가짜 상품을 파는 가게가 줄었다고는 하나, 부속품만 놓고 보면 아직도 가짜가 진품처럼 위장하여 팔리는 일이 비일비재하다. 가령 카메라를 샀을 때 부속품으로 따라오는 전지(300위안 정도)조차 진품이 아니라 가짜로 바꿔치기해서 판매되는 경우가 흔하다.

부속품 판매로 차별화할 수 있다면, 그 이점을 본체 상품으로 연결시킬 수도 있다. 그러면 다른 기업들과의 경쟁에서 싸워 보는 것도 가능하다고 본다.

많은 기업이 중국의 '13억'이라는 숫자에만 시선을 빼앗기고 있다. 하지만 외국 기업이 중국에서 싸워 이길 수 있는 시장은 '상품의 지명도'와 '원가'로 승부가 나는 메이저 시장이 아니라, 장인의 손길이 평가받고 높은 가격이 책정되는 마니아 시장이 아닐까 한다.

그런 의미로 일본 기업을 예로 든다면 야마다전기처럼 종합 전기 소매점보다는 키타무라 카메라처럼, 일본 기업의 강점을 살리고 중국에서도 필요로 하는 영역에 한정되는 '카테고리 킬러' 업종이 더 어울릴지도 모르겠다.

TIP. 18

★ 중국 소비자들은 '친절 서비스'보다 저가를 중시한다.

★ 다 똑같은 제품을 파는 가격 승부보다 부속품처럼 품질이 중요한 상품을 취급하는 편이 외국 기업에 유리하다.

19 무엇보다 유행에 먼저 질리도록 노력하라

개인적으로 패션과는 전혀 인연이 없지만, 한때 일본의 기성복 기업(아동복)에서 일한 적이 있다. 그 회사는 아동복 업계의 혁명가라고 불리며 트렌드 세터(trend-setter)로서 주목을 받는 곳이었다.

당시 70세였던 회사 대표가 텔레비전에 출연해서 한 말은 무척 인상적이었다. 그는 방송에서 "사장님은 어떻게 패션의 유행을 미리 읽으시나요?"라고 묻는 질문에, "저는 다른 사람들보다 질리는 속도가 빠르거든요."라고 대답했다.

사장의 의견에 따르면, '패션은 곧 질린다'를 의미한다. 매 시즌마다 새로운 패션 트렌드가 나오는데, 그것은 모두 다 소비자들이 '질리기 때문에' 탄생한다는 것이다. 많은 소비자들이 주목해서 입고 다니는 패션은 나중에 질리는 속도도 매우 빠르게 진행된다. 다음에 어떤 패션 트렌드가 올지 알려면 소비자는 물론, 경쟁하는 그 누구보다 새로운 패션에 접촉할 기회를 늘리고, 먼저 질려야만 한다. 누구보다 새로운 패션 트렌드에 질리는 자신이 '새롭다', '신선하다'고 느낄 만한 패션이라면 분명히 그것은 다음 트렌드로 뜬다는 것이다.

실제로 그 대표는 70세인데도 매일 우라하라(패션을 선도하는 가게가 몰려 있는 하라주쿠의 뒷거리)나 시부야의 109빌딩을 시찰하고 다닌다. 또한 매년 2~3회는 미국 서해안이나 유럽의 시찰도 다녀온다. 전 세계의 패션 최전선을 자신의 눈으로 직접 봄으로써 일본의 아동복 시장 트렌드에 누구보다 빨리 '질리는' 것을 실천하고 있는 셈이다.

외국 기업도 먼저 질리려는 노력이 필요하다

중국 비즈니스에서도 '질리는' 태도가 상당히 중요하다. 상품과 상관없이, 무서운 성장 속도에 따라 유행 채널도 판촉 형태도 눈 깜짝할 사이에 달라져 버리는 것이 중국 시장이다. 그러니 외국 기업은 중국인보다도 먼저 중국의 유행에 질릴 수 있어야 한다. 중국에서 마이크로 블로그가 한참 보급된 후에야 '마이크로 블로그가 뭐야?' 하고 묻고 다녀서는 중국 소비자를 대상으로 장사를 할 수 없다는 것은 당연하다.

외국인은 언어의 문제나 중국인의 인맥 등에는 한계가 있을 수밖에 없다. 그렇기 때문에 거리에 나가서 현장을 보는 행위를 의식적으로 반복하고, 자신의 주변에 있는 중국인(회사의 직원 등)을 잘 활용할 필요가 있다. 자신의 회사가 타깃으로 하고 있는 고객층의 유행을 선도하는 것은 쉽지 않다. 그렇다고 따라가려는 노력마저 게을리한다면 중국 기업과의 경쟁에서 이길 수가 없는 것은 자명하다.

개인적으로 중국에서 사업을 하는 일본인과 중국인 경영자를 인터뷰하거나 사업을 지원하는 등의 기회가 많이 있었다. 여기에는 다 쓸 수 없는 오프 더 레코드의 이야기도 많고, 중국에서 비즈니스를 성공시키기 위한 비결이나 자주 일어나는 실패담도 잘 알고 있다. 그래서 이제는 웬만한 이야기로는 쉽게 놀라지도 않는다.

그래서 '재미있다', '신선하다'고 내가 느끼는 이야기는 외국 기업에게도 도움이 될 가능성이 높다. 이후에도 진지하게 중국에서 싸우는 외국인들과 외국 기업에게 도움이 될 만한 정보를 제공하기 위해 앞으로도 '질리는' 행위를 계속할 생각이다.

TIP. 19

★ 중국 소비자보다 먼저 중국의 유행에 질릴 만큼 민감해져야 한다.

★ 거리에 나가 현장을 보고, 주변 중국인들의 이야기를 의식적으로 들으려 노력하는 것은 기본이다.

20 중국 소비자의 시선으로 바라보면 답이 나온다

외국 기업 경영진과 만나면 "중국 사람들이 우리 상품을 더 많이 사게 만들려면 어떻게 해야 합니까?", "어떻게 하면 중국에서 매출을 올릴 수 있습니까?"라는 질문을 많이 받는다. 그럴 때마다 나는 "골프랑 KTV(노래방을 가리키는 중국 명칭)에 안 가면 매출이 오를 겁니다."라고 대답한다. 외국 기업이 중국에서 성공하기 위해 이것보다 더 필요한 말은 없다고 생각한다.

어떤 업종이든 외국인이 머나먼 타향인 중국 시장에서 상품이나 서비스를 팔고 싶다면, 중국인들의 사고방식이나 습관을 이해할 필요가 있다. 태생부터 언어와 문화가 다르다는 핸디캡을 안고 있는 외국인들이 중국 소비자나 중국 업계를 이해하고 싶다면, 경쟁 상대인 중국 기업의 경영진들보다 훨씬 더 많은 시간을 들여야만 한다.

중국 소비자들과 만나기 위해 거리로 나가라

그런데도 불구하고 중국에 진출한 외국 기업의 경영진 대부분은 자국의 테두리 안에만 있을 뿐 외부를 경험하려고 하지 않는다. 예를 들어, 일본에서 일하러 온 사람들이 수만 명을 넘는다는 상하이 같은 대도시에서는 일본에 있을 때와 똑같은 생활이 가능하다. 평일 저녁 에는 일본인들끼리 모여서 일본 요리를 먹고, 2차로 일본 KTV(노래방) 를 가고, 토요일에는 일본인들끼리 모여서 골프하러 간다. 이것이 중 국에 있는 일본 비즈니스맨들의 일상이다.

하지만 진심으로 중국에서 사업을 성공하고 싶다면 그 절반의 시간만이라도 쪼개서 중국인을 더욱 이해하기 위해 적극적으로 행 동해야만 한다. 현재의 비즈니스의 화두를 머릿속으로 생각하면 서 지하철이나 버스 등의 대중교통을 이용하여 거리로 나가 중국 소비자와 같은 것을 바라보는 것만으로도 비즈니스의 힌트를 잔뜩 찾을 수 있을 것이다.

지금 중국에서 뭐가 유행하는지, 중국 소비자들이 무엇에 돈을 쓰는지, 어떤 기업이 어디에서 광고를 하고 있는지 등등.

진심으로 중국 비즈니스에 열중하고 있는 사람이라면, 거리를 걸을 때마다 알고 싶은 것과 모르는 것이 머릿속에 끝도 없이 떠오 를 것이다. 알고 싶은 것들을 하나하나 확인하다 보면 골프나 KTV 에서 우울을 달래거나 자국인들끼리 한가하게 중국 생활을 즐기고 있을 시간 따위는 자연히 사라진다.

'나는 회사에서 중국 직원들과 이야기도 나누고, 거기서 충분히 지식을 얻으니까 괜찮아'라고 생각하는 사람도 분명 있을 것이다. 진심으로 그렇게 생각한다면 지금이라도 당장 자국으로 돌아가는 편이 낫다. 분명 아무것도 모르는 것보다는 나을지는 모르겠지만, 중국 직원에게 상사 입장에서 가볍게 이것저것 물어봤자 뻔한 대답이 흘러나올 뿐이다.

정말로 비즈니스에 도움이 될 만한 사업 정보들은 중국 직원도 생각해 본 적이 없는 것들일 수 있다. 그래서 그런 것들은 질문해 봤자 바로바로 대답이 나올 수 없다. 중국 직원들이 끈질기다고 생각할 만큼 이것저것 몇 번이나 계속 질문하지 않으면 정말로 영업에 도움이 될 만한 힌트를 얻을 수는 없다.

사내에서 일하는 중국 직원과 거리를 좁히는 것은 중국에서 리더십을 발휘하기 위해 중요한 작업이다. 당연한 말이지만, 중국 직원에게 있어 동족이 아닌 외국인이 스스로 중국인에게 다가가지 않는 한 그 거리는 좁힐 수가 없다.

회사에 있어서 중요한 직원이라면, 평소 회사에서 같이 일하는 관계를 넘어서 전략적으로 그의 배우자나 가족과 함께 식사를 하는 사이까지 되어야 한다. 그래야 중국에서 안정된 경영을 할 수 있다. 정말로 제대로 할 마음이 있다면, 중국에 있는 외국 비즈니스맨(특히 경영자)들은 자국에 있을 때보다 훨씬 더 바쁘게 일해야 할 것이다.

★ 중국 소비자나 기업에 대해 알려면 좀 더 의식적으로 시간을 써야 한다.

★ 거리를 걸으며 중국 소비자들과 같은 것을 보고 경험하고, 중국 직원들과도 깊은 유대 관계를 형성해야 한다.

제2장

중국 기업은 어떻게 비즈니스를 하는가?

중국 기업과의 비즈니스에서 성공하는 기술

21 베짱이가 아닌 개미가, 토끼가 아닌 거북이가 돼야 한다

어릴 때 자주 들었던 「개미와 베짱이」 혹은 「토끼와 거북이」 이야기의 공통된 교훈은 결국 인내심을 가지고 끈질기게 노력하는 자가 마지막에 이긴다는 내용이다. 중국 (뿐만 아니라 해외)에서 사업을 하는 외국인은 한 번 더 이 이야기들을 되새길 필요가 있다.

대기업을 제외하고 대부분의 외국 기업은 개미 아니면 거북이의 입장이어야 한다. 개미나 거북이 정도의 능력밖에 안 되면서, 베짱이나 토끼와도 같은 중국 기업처럼 광고나 홍보에 크게 투자하거나 매출로 경쟁하려고만 든다면 결코 성공하지 못한다.

결국 중국 사업의 성패는 '단기적으로는 이윤을 내지 못하더라도, 장기적으로 생길 이윤을 위해 조금씩 열심히 노력하는 것'에 있다. 아마도 이것 외에 외국 기업이나 외국인이 중국에서 살아남을 방법은 많지 않다. 베짱이가 대다수인 중국에서 개미가 가진 강점을 발휘하여 승부해야 한다.

현재의 매출보다 중장기적인 경영에 집중하라

베짱이들의 나라인 중국에서 개미인 외국인이 사업에 성공하는 길은 두 가지이다. 하나는 베짱이들의 세계 속에서도 끈질기게 개미처럼 장사해 가는 것이다. 한 번에 승부를 보려고 하지 말고, 가치가 있는 상품을 팔면서 고객을 한 명씩 단골로 만드는 중장기적인 경영에 집중하는 것이 중요하다.

물론 처음에는 베짱이의 방해도 받을 수 있고, 많은 베짱이 소비자들에게 당하는 일도 생길 수 있다. 그러나 묵묵히 좋은 상품을 팔면서 노력한다면, 언젠가 베짱이들이 개미가 가진 상품의 가치를 깨닫고 소정의 결과를 달성할 것이다.

또 하나의 방법은 베짱이와 상대할 것이 아니라 협력해서 싸우는 것이다. 베짱이인 중국인(중국 기업) 파트너는 단기간에 이윤을 창출하는 업무를 하게 하고, 개미의 입장인 외국인(외국 기업)은 눈앞의 이윤을 생각하지 말고 중장기적으로 상황을 조망하는 업무를 하는 등의 역할 분담이 필요하다. 그리고 결국에는 양쪽이 가져온 이윤을 공평하게 나누는 것이다(이게 가장 어려운 부분이지만······).

상대와의 상성을 최우선으로 생각한다

다만, 타입이 다른 개미와 베짱이가 서로 장기간 신용 관계를 유지하면서 협력해 나가기 위해서는 상성이 중요하다. 외형적 모습(상대의 경영 리소스)보다도 상성이 중요하다는 사실을 절대 잊지 말아야 한다. 외국계 대형 기업이 파트너를 잘못 골라서 실패하는 원인의 대부분은 이 우선순위를 어겼기 때문이다.

일반적으로 '이 경영자는 믿음이 가고 상성도 좋으니 이 기업과 함께 중국에 사업을 해보자'는 이유로 제안을 건네지는 않는다. 그보다는 '이 기업과 협력했을 경우 우리가 이용할 수 있는 경영 리소스(회원들 리스트, 유통 채널, 물류 시스템 등)가 이렇게 많으니 이 기업과 협력하자'고 생각하는 경우가 대부분이다.

그러나 아무리 경영 리소스가 매력적이라 해도 그걸 이용할 수 없다면 아무런 소용도 없다. 주식을 과반수 이상 갖고 있다고 해서 경영 리소스를 활용할 수 있는 것이 아니다. 상대 경영자와의 상성, 신용 관계가 가장 중요하다.

형식적인 자료상의 설명은 제쳐 두고, '상대와의 상성을 최우선한다'는 말은 원래 스타일이 서로 다른 개미와 베짱이가 파트너로 팀을 짜야 하기 때문이다.

TIP. 21

★ 외국 기업은 개미와 거북이가 되어 천천히 나아가야 한다.
★ 중국 기업과 협력하려면 상대방 기업 대표와 상성이 잘 맞아야 한다.

22 화장하는 심정으로 첫인상의 강렬함을 연출하라

'중국 경영자와의 미팅은 첫인상에서 결정된다.'

이런 기본적인 진리를 모르는 채 중국 기업과의 미팅에서 실패하는 외국 기업들이 너무나도 많다. 대부분의 외국 기업의 경영자는 '처음에는 그냥 인사만 나누고, 이제부터 계속 만나면서 우리 상품이나 서비스의 장점을 알리면 된다'고 생각한다. 하지만 이런 식의 생각은 천재일우의 기회를 놓친 것과 같다. 두 번째 미팅의 기회는 영원히 오지 않는다.

13억 인구의 시장을 가진 중국에서는 유망 기업과 유능한 경영자가 많은 만큼 주변에 수많은 사업의 기회가 흘러넘친다. 그만큼이나 수상한 사기꾼도 많다. 그런 상황 속에서 힘이 있는 중국 기업의 경영자는 '가장 소중한 경영 자원인 자신의 시간을, 누구와 만나는 데 사용할 것인가'를 고민하며 우선순위를 고른다.

중국 기업의 경영자 입장에서 거래하고 싶다고 생각하는 유명한 외국 기업이라면 이야기가 다르다. 하지만 그렇지 않은 외국 기업의 사장 수준이라면 수많은 후보자들 사이의 한 사람에 지나지 않는다. 즉, 충분한 장점을 가지고 미팅을 계속하면 서로 원원하는 관계를 만들어 갈 가능성이 높은 외국 기업이라 해도, 우선 예선을 통과하지 못하면 애초에 그 기회조차 얻을 수가 없다.

중국 경영자와의 첫 만남을 연출하라

이 예선을 어떻게 요리할 것인지 모르는 외국 기업이 정말 많다. 대부분의 외국 기업이 첫 대면의 연출을 잘 못해서인지 연출을 하지도 않고 그냥 자사의 상품이나 담당자를 그대로 내보내곤 한다. 만나면 만날수록 진가를 보이려는 방법일 수도 있겠지만, 첫 만남에서 아무런 느낌도 주지 못하면 그대로 버려질 뿐이다.

가장 안 좋은 것은 처음 만나는 면담에서 "아닙니다, 저희 회사는 아직 멀었습니다."는 식으로 겸양을 표하며 자신의 회사를 충분히 어필하지 못하는 상황이다. 중국에서는 화장하고 옷을 차려입고 얘기하는 것이 상식이고, 그렇기 때문에 실제 인물은 눈에 보이는 것의 8할 정도일 거라고 생각하는 문화를 가지고 있다. 그런데 외국 기업이 거기다 겸양까지 떨면, 8할의 8할 정도가 상대의 능력이라고 지레짐작할 수 있다. 중국에서는 처음 만났을 때 자신의 실력을 훌륭하게 보여 주는 것이 미팅을 성공으로 이끄는 길이다.

또한 중국 기업 경영자와 만날 기회가 찾아왔다고 해도, '이쪽이 부탁해서 만나 주는 것이다'의 형태와 '상대도 만나고 싶다고 생각한다'의 상황은 하늘과 땅만큼의 큰 차이가 난다. 사실은 우리가 꼭 만나고 싶은 상대라고 해도, "아, 뭐 함 만나 보죠."라는 분위기를 만들어 내는 것이 중요하다.

가령 면담 타깃인 거래처와 처음으로 미팅하는 경우, 사실 이쪽의 시간이 아무리 많아도 일부러 업계의 컨벤션 회장에서 비는 시간을 지정해서 만나는 등 바쁜 척을 하여, '우리와 접촉할 수 있는 것은 너희에게는 기회다'는 이미지를 상대에게 주어야 한다. 가끔 상하이에 출장을 가기 때문에 지금이라면 미팅 가능, 이런 식의 스토리를 만드는 것도 좋다.

중국 경영자와 면담하기 전에 여러 가지 연출을 준비하거나, 약간 돈을 써서 중국의 신문이나 잡지에 기사를 내는 것도 좋다. 잡지에 기사가 난 기업의 경영자라면 중국 경영자도 믿고서 만나 줄 가능성이 높기 때문이다.

중국 기업의 경영자끼리도 첫인상을 연출하기 위해 많은 신경을 쓴다. 거래처가 될지도 모르는 상대 기업 경영진과 처음 만날 때에는, 설령 수백 위안 정도 내는 3성 호텔에 숙박하고 있더라도 5성급 고급 호텔 레스토랑에서 수천 위안짜리 식사를 하는 식이다.

중국인은 경영자를 보고 기업의 가치를 판단한다

중국 기업 경영자는 상대 기업의 가치를 '사람', 즉 상대 기업의 경영자를 보고 판단한다는 사실을 잊어서는 안 된다. 실제로 만나

보고 이야기를 들은 외국 기업의 경영자가 이야기도 잘하고 기업인으로서 매력적인 인물이라면 '이 회사는 굉장하다. 함께 일하고 싶다'고 생각하기 때문이다.

외국 기업의 경영자가 실력은 있어도 첫인상으로 승부하는 타입이 아니더라도 중국 경영자와 만날 때에는, 밖에 나가기 전에 화장하는 여성의 자세로 첫 미팅을 준비하는 것이 필수이다.

중국 경영자에게 매력적인 첫인상을 남기기 위해, 거짓말이 되지 않는 선에서 우리 기업의 강점을 열거한다. 중국의 잡지에 기재된 기사, 자국 시장에서 넘버원이라는 사실, 혹은 창업 이후 100년 이상 지속해 온 전통 기업이라는 것 등 뭐든지 좋다. 무엇이든 상대의 마음속에 '굉장하다!'는 생각이 들 만한 키워드를 준비하여 찾아가는 것이 성공 확률을 올리는 지름길이다.

그리고 조금이라도 흥미를 이끌어 냈다면, 괜한 약점을 보이기 전에 미련 없이 면담을 끝내는 것이 좋다. 중국 기업과의 미팅 후에 바로 중국 경영자를 자국으로 초대하는 것도 하나의 방법일 수 있다. 자국 기업의 경영자와 만났을 때는 그 매력이 충분히 전해지지 않을지도 모른다. 그러나 품질 관리 시스템이 잘 갖춰져 있는 자국의 공장이나 잘 교육받은 가게 직원 등 기업의 관리 체계를 직접 눈으로 확인하게 만들어, '이 기업은 굉장한 회사다'는 인식을 심어 줄 필요가 있다.

물론 이러한 첫 미팅 연출만으로 거래가 결정되지는 않는다. 마지막에 결판을 내는 것은 기업의 실력과, 서로 상생하며 거래할 수 있는지의 여부일 수밖에 없다. 그러나 최후의 실력 승부까지 끌고 가기 위해서는 우선 첫인상이라는 예선을 통과하는 방법을 진지하게 생각해야 한다.

경쟁력이 있고 매력적인 외국 기업이라 해도, '우리는 아직 멀었습니다'는 태도로 상대방의 따뜻한 이해를 바라고 있어서는 기회를 붙잡을 수가 없다. 다른 선택지가 얼마든지 있는 중국 경영자의 눈에 들지도 못하고, 검토 대상이 될 수조차 없는 것이다. 실력도 있고, 진지하게 검토하면 승률이 꽤 높은 외국 기업들은 최초의 1차 예선을 돌파하기 위해서는 '자신을 돋보이게 하는 화장'을 성심성의껏 준비해야 하는 것이다.

TIP. 22

★ 중국 경영자와의 미팅은 첫인상이 가장 중요하다. 겸양하지 말고, 거짓말이 아닌 선에서 자신의 실력을 최대한 뽐내고 연출해야 한다.

★ '상대가 만나 준다'가 아니라 '이쪽이 만나 준다'는 분위기와 이미지를 상대에게 심어 줄 필요가 있다.

23 누구나 사는 것보다 파는 것에
관심 있다는 것을 역이용하라

B2B 비즈니스(Business-to-Business의 약자로, 기업과 기업 사이의 거래를 기반으로 한 비즈니스 모델―옮긴이)로 중국에 진출할 경우, 외국 기업들은 정보를 얻기 위해 중국에서 열리는 업계 전시회나 박람회에 나가곤 한다.

중국 각지에서 열리는 전시회나 박람회에 참여하다 보면, 자연히 우리 제품에 관심을 보이는 중국 기업이 나타날 것이라고 기대하는 기업도 있을 것이다. 반대로, 달리 어떻게 해야 우리 제품을 중국에 알릴 수 있을지 방법을 몰라서 참여하는 기업도 있다.

그런 사정이야 어쨌든, 전시회나 박람회에 참가하는 대부분 외국 기업들의 공통적인 고민은 바로 '성과가 없다'는 점일 것이다. 그러나 전시회나 박람회에서 성과가 나지 않는 것은 어찌 보면 당연하다. 같은 전시회에 출전하는 중국의 경쟁 기업들이 외국 기업보다 훨씬 많은 예산으로 더 눈에 띄는 전시 부스를 만들기 때문이 아니다. 애초에 그런 전시회나 박람회에 출전하는 것부터가 실수이다.

왜냐하면, 외국 기업에 관심을 보일 만한 중국 기업들은 그런 전시회나 박람회에 오지 않기 때문이다. 중국 기업에서 꽤 높은 자리에 앉아 있는 사람들이, 이미 아는 거래처들이 잔뜩 등장하는 전시회에 돈과 시간을 들이며 찾아오는 상황은 거의 없다고 봐야 한다.

팔고 싶은 제품을 숨겨라

그럼 어떻게 하면 좋을까?

잠재 고객인 중국 기업들이 전시회나 박람회에 오지 않는다면, 잠재 고객이 여기까지 와야 할 만한 이유를 만들거나 잠재 고객을 기다리는 것이 아니라 그들이 모여 있는 장소로 가야 하는 방법 두 가지가 있다.

우선 잠재 고객들이 올 만한 이유를 어떻게 만들 수 있을까?

잠재 고객인 중국 기업의 책임자가 전시회나 박람회에 참가해야겠다고 생각하게 되는 가장 큰 이유는 바로 '영업'이다. 사기 위해서가 아니라, 외국 기업에게 자신들의 제품을 팔아야겠다고 생각한다면 기꺼이 나설 것이다.

그런 상황을 잘 활용해야 한다. 특히 '팔고 싶은 상품'뿐만이 아니라 '사고 싶은 상품'을 고지할 수 있는 박람회에 참가해서, 우리 제품을 팔겠다는 목적을 숨기고 '사고 싶은 제품'을 전면에 내세우는 것이다. 그렇게 하면 해당 제품을 팔고 싶은 중국 기업들이 몰려든다. 매입 상담을 하는 사이에, 상대의 상태를 관찰하면서 우리 제품을 슬쩍 보여 주는 방법이다. 우리가 '사고 싶다고 공언한 제품'을 팔러 온 중국 기업이, 상담을 계속하는 사이에 우리가 팔고 싶은 제품을 사갈 가능성이 적지 않다.

면담한 중국 기업이 물건을 사지 않더라도, 그들은 우리보다 현지 기업들이 원하는 것을 더 잘 알고 있다. 때문에 수수료를 목적으로 해당 제품을 살 만한 다른 기업을 연결해 줄 수도 있다.

두 번째로 잠재 고객이 모이는 장소에 가는 것도 상당히 효과적인 영업 방법이다. 실제로 잠재 고객들이 모이는 장소는 분명히 있다. 외국 기업의 경쟁 회사들과 같이 출전하는 전시회가 아니라, 중국 기업들이 자신들의 고객을 대상으로 출전하는 전시회이다. 그러면 우리 전시 부스의 주변은 모두 중국 기업들의 부스가 되고, 그들은 모두 우리의 잠재 고객이다. 전시회 기간 중에는 틀림없이 한가한 시간이 생기며, 그 시간을 이용해서 상대 부스의 담당자와 친목을 다지는 것도 좋은 방법이다.

TIP. 23

★ 중국 제품을 산다는 생각으로 잠재 고객들을 만난 후, 자연스럽게 우리의 상품도 알린다.

★ 중국 기업 위주로 열리는 전시회나 박람회에 참가한다.

24 국영 기업보다는 민간 기업과 손을 잡아라

지금 외국 기업이 중국 시장에서 사업을 확대하려면, 어떤 업종이든 간에 중국 기업과의 연계는 필수이다. 중국 기업이 가진 고객 자산, 유통 채널 등 거래처에 대한 영향력, 생산 기반, 정치와의 협상력 등을 이용함으로써 외국 기업이 처리하기 어려운 문제들을 빠르게 해결해 나갈 수 있기 때문이다. 중국 기업과 협업하는 방법은 일반적인 거래나 업무 제휴, M&A 등 여러 방식이 있다. 이 연계가 얼마나 중요한지는 아무리 강조해도 지나치지 않다.

제휴의 장점이 보다 큰 대형 기업들만 후보 거래처로 검토하다 보면 그 목록에서는 반드시 발견되는 것이 '국영 기업'이다. 중국의 경제 성장 속도에 따라 거대 민영 기업도 많아졌지만, 아직도 국영 기업이 일정 이상의 비율을 점유하고 있다.

그러나 여기서 외국 기업이 주의해야 할 점은 '정말 특별한 사정이 있는 게 아니라면 국영 기업은 가급적 피해야 한다'는 사실이다. 물론 중국의 민간 기업과 제휴하는 것도 쉽지는 않지만, 국영 기업은 '구조적'으로 협업하기 어려운 상대이다.

심지어 중국 기업조차도 국영 기업과 제휴하여 성과를 내기란 굉장히 어렵다. 그러니 외국 기업이 감당할 수 있는 수준이 아니라고 보면 된다.

국영 기업에서는 경영자가 기업을 움직이지 않는다

가장 큰 원인은 '기업을 마음대로 움직일 권한이 경영자에게 없다'는 점이다. 외국 기업이 국영 기업 경영자와 협력 및 교류를 하여 겨우 합의를 이끌어 내고 제휴를 시작하려 해도, 그 경영자의 말대로 기업이 쉽게 움직이지 않는다.

국영 기업의 최종 의사 결정권은 경영자가 아니라 그 국영 기업을 관리하는 정부 관련 기관이 갖고 있는 경우가 많은데, 이들은 국영 기업 경영자와 합의한 내용을 번복할 수도 있다. 또한 국영 기업에서는 직원들도 경영자의 말을 잘 듣지 않는 경우가 많다. 국영 기업은 일종의 공무원 스타일로 일을 하기에 새로운 업무를 만들기보다는 적당한 선에서 일을 처리하는 습관에 젖어 있다.

국영 기업에서는 경영자가 '이걸 하자'고 정해도 직원들이 이런저런 변명으로 일관하면서 새로운 일을 하려 들지 않는다. 그래서 외국 기업들은 합의해서 제휴했는데도 원하는 결과가 나오지 않는 것에 불만을 품고 경영자를 탓하곤 하지만, 근본적으로 국영 기업은 경영자가 통제할 수 있는 구조가 아니기 때문에 불평한들 아무런 소용이 없다.

국영 기업의 경영자 개인의 생각이나 방향성이 국영 기업 자체의 방향성과 일치하지 않는 경우도 많다. 국영 기업의 경영자는 일정 기간을 거쳐 교체되기 때문에, 새로운 경영자가 들어선 순간 국영 기업의 운영 계획도 바뀌고, 예전에 맺어 놓은 제휴가 순식간에 백지 상태로 돌아가는 것도 흔한 이야기이다.

설령 바뀌지 않더라도 그 경영자는 '국영 기업의 이윤을 확대하는 것'보다도 '내가 여기 앉아 있는 동안 어떻게 평가를 받을 것인가? 어떻게 해야 높은 자리로 옮길 수 있을까?' 같은 내용을 더 중요하게 생각할 수 있다. 그러므로 외국 기업과는 다른 방향으로 가버릴 가능성도 적지 않다.

국영 기업은 주주의 이윤이 목적이 아니다

그냥 업무 제휴라면 모르겠지만, 자본을 공동 출자하여 합작 회사를 만든다든가, 국영 기업에 출자하는 등 주주로서 국영 기업에 관여하는 것은 더욱 좋지 않다. 국영 기업은 민간 기업과는 달라서 주주의 이윤을 키우는 것이 목적이 아니기 때문이다.

이런 이유로 일반인 투자자로서 중국 주식에 투자하고 있을 경우에도 국영 기업은 투자 대상에서 제외하는 편이 낫다. 국영 기업의 경영자는 자신들의 장점만을 강조하기 때문에 경영자와 이야기를 나눠도 허실을 알아차리기 어렵고, 실제 사업에서 그의 의견이 잘 반영되는지 확인하고서 판단해야 하는 어려움도 있다.

물론 국영 기업이 거래처나 출자처로서 매력적인 구석도 있다. 외국 기업이 얻을 수 없는 허가가 필요한 물건을 가진 국영 기업과 제휴하여, 저렴한 가격으로 투자가 가능할 경우이다. 제휴나 투자를 결정한 후, 비교적 빠른 시기에 그 물건을 이용하고 끝낼 수 있다면 국영 기업과 손잡는 것을 검토할 가치는 있다.

　하지만 그러한 정보를 외국 기업은 알기 어렵기 때문에 대부분의 경우에는 국영 기업보다는 민간 기업과 협업하는 것이 더 안전하다.

TIP. 24

★ 국영 기업보다는 민간 기업과 협업하는 것이 무난한 선택이다.

★ 국영 기업은 제휴하더라도 원하는 성과가 나오지 않을 확률이 높다.

25 'take'를 원한다면 먼저 'give'를 하라

예전에 중국 거대 은행과 제휴하여 특급 VIP 고객(연간 신용카드 소비액 50만 위안 이상)을 위한 회원지를 발행하는 회사의 CEO(일본인)와 이야기를 나눈 적이 있다. 그 특급 VIP 고객 대상 회원지에서는 민간인 우주여행이나 크루저 같은 호화 상품을 소개하고, 때로는 VIP 대상의 파티를 열어 5만 위안 이상의 마사지 의자 등을 판다고 한다.

일본인 CEO와 이야기를 들으면서 문득 하나의 의문이 떠올라 질문 하나를 던졌다.

"왜 외국인인 당신이 중국의 거대 은행의 VIP 회원 서비스를 담당하게 된 거죠?"

"언제나 상대방에게 더 큰 조각의 케이크를 양보하고 있으니까요."

그의 대답은 아주 간단했다.

상대 회사에 더 큰 조각을 양보하라

중국의 VIP 고객들은 자국에 신용카드가 도입된 직후부터 카드를 마음껏 사용했다. 그에 따라 카드의 이용 금액만큼 쌓이는 회원 포인트도 점점 높아졌다. 중국의 회계 규칙상, 연말에 잔여 포인트가 남으면 그만큼 세금을 내야 하지만, 당시 중국에는 신용카드 회원이 포인트를 사용하여 얻을 수 있는 특전이 별로 없었다. 그 탓에 포인트가 소비되지 않고 계속 쌓여 가기만 했고 포인트 잔고가 쌓이면 쌓일수록 세금의 압박이 커져, 은행 내부에서도 큰 문제가 발생했다.

이런 상황에서 일본 CEO가 중국 거대 은행의 신용카드 담당자와 단둘이 미팅을 하게 되었다. CEO는 그 자리에서 일본에서 흔히 나오는 카드 포인트 소비용 상품과 서비스, 신용카드 이력을 이용한 마케팅 수법 등을 설명하고 중국인 담당자는 많은 관심을 표명했다. 중요한 것은 그 후 두 사람의 대화 내용이다.

CEO: 이 아이디어를 당신의 기획으로 만들어서 은행에 보고하면 어떻겠습니까? 저희들이 온힘을 다해 지원하겠습니다.

은행 담당자: ⋯⋯.

CEO: 물론 기획이 실현될 때까지 무료로 지원하겠습니다. 단지, 만일 이 기획을 진행하게 되면 일부라도 좋으니 저희와 거래하지 않겠습니까?

은행 담당자 : 어, 일부라도 괜찮으신 겁니까?

CEO: 물론입니다. 당신의 입장을 잘 알고 있으니까요. 저희 회사에는 작은 부분만 나눠 주셔도 괜찮습니다.

은행 담당자: 네, 그럼 일을 한번 추진해 보겠습니다.

이러한 협상의 결과, 그는 해당 은행의 신용카드 사업의 전반을 지휘하게 되었다고 한다. 이 이야기를 들은 후에야 어떻게 일본인 CEO가 중국 기업과의 관계 속에서 사업을 순조로이 진행할 수 있었는지 그 의문점이 풀렸다. 중국에서는 특히나 'take를 원한다면 먼저 give를 해야 한다', '상대 회사의 이윤뿐만 아니라 담당자의 입장도 생각한다'는 이 두 가지가 사업을 진행하는 데는 매우 중요하다.

물론 '괜찮은 상대를 고르는' 것이 가장 중요한 전제 사항이지만, 믿을 수 있는 상대를 성공적으로 찾아낸다면 자신에게도 큰 이득이 돌아온다. '서로 파이를 빼앗아 먹는 것보다 함께 파이를 키우는 것이 더 이득'이 되며, 단기적인 이윤을 추구하기보다는 중장기적인 이윤을 추구하는 자세를 가질 필요가 있다. 13억이라는 중국 시장에 정신이 팔린 나머지 처음부터 큰 성과를 바라고 무작정

몰아붙이는 경우는 성공보다 실패 확률이 높다는 것을 명심해야
한다.

<u>26</u> 일부러 빚을 만들어서라도 상대와의 거리를 좁혀라

일본인은 보통 빚을 지지 않으려고 한다. '빚은 나쁜 것'이라는 이미지가 강하기 때문일까? 하여간 나도 '조금 부족하게 살더라도, 빚을 지지 않고, 주변 사람에게 폐를 끼치지 않고 사는 것이 중요하다'는 이야기를 어린 시절부터 많이 듣곤 했다.

그래서 가정 생활에서뿐 아니라 사업체를 운영하게 되어도 '빚은 지지 않는 것이 낫다'고 생각하는 사람이 적지 않은 듯하다. 개중에는 '우리 회사는 빚을 전혀 지지 않고 경영한다'고 자랑하는 사람도 있다. 그러나 사업과 회사 경영이라는 분야에 있어서는, '빚이 전혀 없다과 곧 건실한 경영'이라고 딱 잘라 말하기는 어렵다.

'빚이 없어야 도산할 위험이 적다'거나 '대출을 받지 않으면 이자를 지불할 필요가 없기 때문에 상대적으로 낮은 가격이 가능하다'고 생각하는 사람도 있을 것이다. 그러나 이것들은 경영의 한쪽 부분만을 고려하기 때문에 생기는 사고방식이다. 가령 '대출이 없다'에만 집착하는 탓에, 여유 자금이 모자란다는 이유로 눈앞에 있는 사업 기회를 놓치는 경영자는, 사업 가치의 최대 확대를 기대하는 주주의 입장에서 보면 무능한 경영자일 뿐이다. '채무를 잘 이용하는 것'도 사업을 경영하기 위한 하나의 수단임을 알아야 한다.

상대가 도와주겠다고 나설 때는 사양 말고 빌려라

이것은 돈만이 아니라 신용에 관련된 문제이기도 하다. 중국에서는 다른 사람과 신용 거래를 잘하는 사람이 사업에서도 성공할 확률이 높기 때문이다. 일본인은 '식사 값 더치페이'나 '선물에 대한 답례품' 문화가 보여 주듯이 서로 '단기간'에 거래를 처리하고 끝내려는 경향이 있다.

반대로 중국인은 친한 사람끼리 돈을 빌려주고 돌려받는 기간을 장기적으로 늘어뜨린다. 중국에서는 도와줄 힘이 있는 사람이 도움이 필요한 사람을 돕는 것이 당연한 일이고, 상대방이 곤경에 처했을 때 기꺼이 도와줌으로써 자신이 힘들어졌을 때 상대가 도와줄 것을 기대하는 것이 일반적이다. 즉, 중국에서는 그때그때 손익이 생기는 상거래와는 별도로 장기간 동안 생겨나는 손익을 염두에 두는 신용 거래도 매우 중요한 부분이다.

외국인이 중국에서 사업을 하고 싶다면 중국인의 도움을 받아야 할 상황은 당연히 생기기 마련이다. 그러려면 사업상 관계가 있는 중국인과 신용 거래를 만들어 놓고, 도움을 받을 필요가 있을 때 요청할 수 있도록 의식적으로 신용 잔고를 채워 놓을 필요가 있다.

중국인 상대로 신용 잔고를 채우려면 기본적으로 상대가 도움을 요청할 때 도와주어야 하는 것은 당연하다. 그러나 그보다 더 중요한 것은 상대가 도와주려 할 때 사양 않고 도움을 받는 것이다. 외국인은 특히 이 부분을 신경 써야 한다.

왜냐하면 중국인에게 빚을 짐으로써 그 상대와 더욱 친밀한 관계가 될 수 있기 때문이다. 가령 처음 만나는 중국인과 식사를 할 때, 중국인이 계산을 하는 경우가 많다. 그것은 상대가 '서로 주고받는 관계를 쌓고 싶다'는 의미이므로 기꺼이 받아들일 필요가 있다.

중국 사업을 확대하려고 계획 중인 기업가는 채무 관계를 두려워 말고 잘 이용할 방법을 생각해야 한다.

TIP. 26

★ 경영을 하려면 사업상 대출도 필요한 부분이다.

★ 중국에서는 상대와의 채무 관계를 통해 신용 관계를 만드는 편이 좋다.

27 '물건'과 '사람'을 움켜쥐고 상대를 붙잡는다

중국에서 사업을 크게 벌일 생각이라면, 어떠한 형태로든 중국 기업과 손을 잡아야만 한다. 그것도 서로 경계하며 눈치를 보는 것이 아니라, 처음부터 진지하게 상대를 믿고서 손잡지 않는 한 중국 내 기업과의 공동 사업은 성공하기 어렵다.

그러려면 사업 파트너인 중국 기업에게 마음을 열고, 사업이 성공한 후에도 그 관계가 계속 지속되도록 외국 기업 쪽에서 적극적으로 다가설 필요가 있다. 상대와의 관계를 계속 좋게 유지하기 위해서는 '반하게 만드는 방법'과 '놓치지 않는 방법'을 동시에 병행하는 것이 좋다.

상대를 진심으로 만들려면 그에 걸맞은 결과를 내야 한다

가장 먼저 필요한 것이 '반하게 만드는 방법'이다. 처음으로 관계를 맺기 시작한 중국 기업들은 전혀 마음을 열지 않는다. 아무리 좋은 사업 계획을 설명하고 온갖 계약서를 작성해도, 중국 기업 입장에서는 그런 행위가 그냥 겉치레 의식일 뿐이다. 위험성이 없으니 그냥 한번 해보는 정도의 수준이다. 외국 기업과 합작해서 잘 되면 운이 좋은 것이고, 잘 안 되면 언제든지 발을 빼야겠다는 것이다.

그런 상황에서 외국 기업이 먼저 해야만 하는 것은, 상대가 진심으로 달려들도록 유도하는 일이다. '오, 이 회사와 일하면 이득이 생길 것 같은데?', '이 회사랑 진지하게 한번 해보자!' 이런 생각이 들도록 만들어야 한다. 그렇게 만들려면 필요한 것은 단 하나, 바로 '성과'를 내는 것이다. 실제로 외국 기업과 합작했더니 매출도 올라가고 이윤도 좋아졌다고 피부로 느끼게 만들어야 한다. 그것도 석 달 내에.

상식적으로, '성과는 서로 공평하게 노력해서 만들어 내는 거잖아!'라거나 '석 달처럼 짧은 기간 내에 어떻게 성과를 내라는 거야?'라는 생각이 들 수도 있지만 중국 기업 입장에서는 다르다. 첫 성과는 '석 달 내에', '외국 기업 혼자 열심히 해서', '모든 방법과 수단을 써서라도' 만들어 내야 한다.

일단 어느 정도의 성과로 중국 기업이 매력을 느낄 수 있게 만들면 무대는 확 바뀌게 된다. 상대가 본격적으로 진지하게 나서기 때문이다. 지금부터는 언제나 내가 연락을 해서 미팅 요청을 하면, 전과 달리 상대방이 적극적으로 나서서 이런저런 이야기를 하거나 다양한 정보를 주는 일들이 발생된다.

이런 상황이 되면 중국 기업과의 합작 사업이 잘 되도록 노력함과 동시에, 또 다른 준비를 해둘 필요가 있다. 이대로 사업이 잘 풀릴 경우 중국 기업이 '자사와의 협력 관계가 계속될 수 있는' 조치를 취해야 하는 것이다. 사업이 잘 되면 잘 될수록, 중국 기업 입장에서는 당연히 더 많은 이윤을 독점할 수 있는 방법을 모색할 수 있기 때문이다.

'물건'과 '사람'을 움켜쥐고 상대를 붙잡는다

중국 기업과의 지속적인 협력 관계를 유지하기 위해서는 합작 사업 운영에 반드시 필요한 요소를 손에 꽉 쥐고 있어야 한다. 원활하게 사업 운영을 하기 위해서는 '돈', '물건', '사람'이라는 세 가지는 필수적인 운영 자원이다. 이중에서 돈은 어디서든 충당해 올 수 있는 요소이지만, '물건'과 '사람'은 쉽게 대체할 수 없다는 것을 고려해야 한다.

물건을 독점하고 있는 고전적인 사례로 토요타와 같은 자동차 회사가 갖고 있는 '핵심 부품'을 예로 들 수 있다. 다들 알고 있겠지만, 자동차 메이커의 중국 산업은 현지 기업과 합작하지 않으면 운영 자체가 불가능하다. 이 경우 중국 기업이 주식의 절반 이상을 가지면 당연히 모든 사업 운영권은 중국 기업이 갖게 된다. 그래서 토요타는 핵심 부품들은 합작 기업에서 제작하지 않고 일본의 자체 생산 라인에서 만든다. 이외에도 브랜드 상표의 독점 사용권을 외국 기업이 중국에서 미리 등록하여 놓는 것 등도 하나의 방법이다. 적어도 일정 기간 동안은 안전장치로서의 역할을 한다.

'사람'을 독점하는 것도 잘 이용하면 가능하다. 중국 기업에 들어가 성과를 내고 인정받을 만한 인재를 여러 중요한 부서에 배치하여, 그 사람이 없으면 일이 불가능할 정도로 만들어 놓는 것이다. 이렇게 하면 중국 기업이 아무리 이윤을 독점하고 싶더라도 쉽게 외국 기업과의 협력 관계를 포기할 수 없다. 물론 이 방법은 그만한 인재를 보유했느냐, 과연 대체할 인재가 없느냐 등 여러 변수가 있기 때문에 결코 안전하다고는 할 수 없다.

물건과 사람 외에도 이용할 수 있는 것이 바로 IT 시스템이다. 어떤 형태로든 외국 기업의 노하우를 담은 IT 시스템을 파격가에 (혹은 무료로) 합작 사업체에서 쓰도록 만드는 작전이다. 사업을 막 시작할 때, 최대한 예산을 줄이고 싶은 중국 기업의 상황에 맞추어 외국 기업의 IT 시스템을 제공하고, 담당자도 외국 기업에서 파견한다. 가능하다면 합작 사업에 맞추어 IT 시스템을 재구성하는 것도 좋다. 즉, 외국 기업이 쥐고 있는 IT 시스템 없이는 회사의 시스템이 원활하게 작동되지 못하게 하는 방법이다. 기존의 IT 시스템을 바꾸려면 꽤 큰돈이 발생하고, 상당히 오랜 시간이 필요하기에 쉽게 시스템을 바꿀 수 없기 때문이다.

이렇듯 외국 기업이 중국 기업과 공동으로 사업하려면, 어느 정도의 안전장치를 생각해 두는 것이 좋다. 박아둔 못은 시간이 지날수록 흔들리는 법이고, 중국 기업도 더 많은 이윤 추구를 위해 독자적으로 진행할 수 있는 새로운 방법을 계속 궁리할 수밖에 없기 때문이다.

★ 중국 기업과 공동 사업을 할 때는 눈치를 보지 말고 처음부터 저돌적으로 상대를 붙잡아야 한다.

★ 노력해서 성과를 올린 후에는 그 관계가 지속될 수 있도록 사람이나 물건 등을 이용한 안전장치를 해두어야 한다.

<u>28</u> 눈에 보이는 성과가 없다면 프랜차이즈는 없다

    중국에서 소매 및 식품업 점포를 확대하려면 프랜차이즈 제도를 잘 활용하는 것도 하나의 방법이다. 중국에서의 프랜차이즈를 성공시키기 위해서는 사업 초반이 절대적으로 중요하다. 프랜차이즈를 통해 여러 지점을 동시에 열고 경영하려면 우선 자금을 투자해 줄 프랜차이즈 점주를 모아야 한다. '우리 가게나 사업을 정말로 맘에 들어 하고 그에 알맞은 사람만 점장으로 삼고 싶다'고 생각할지도 모르겠지만 그것은 이상일 뿐이다.

    중국에서 자사 프랜차이즈의 맞춤형 점주를 개별적으로 찾기는 쉽지 않다. 먼저 '이 사업이 얼마나 전망이 좋은지'를 적극적으로 홍보한 후에, 해당 프랜차이즈 사업의 매력에 이끌려서 온 사람들 속에서 적임자를 찾아야 한다.

돈을 벌 수 있다는 근거를 보여 줘라

중국 프랜차이즈의 점주들은 대부분 '눈앞의 이득'에 흥미를 갖고 있다. 딱 잘라 말해, 투자 대상이 프랜차이즈 점포가 아니라 주식이건 부동산이건 돈만 된다면 아무래도 상관이 없다. 그런 프랜차이즈 점주 후보들의 흥미를 끌기 위해서는 '이 프랜차이즈 가게를 열면 바로 돈이 막 벌린다'는 느낌을 줘야 하는 것은 당연하다.

그러려면 '이 사업이 좋은 일인지'를 홍보하기보다 '실제로 중국에서 팔린다, 돈을 벌 수 있다'는 사실을 근거 자료와 함께 보여 주는 것이 제일 좋다. 따라서 무작정 프랜차이즈를 확대하기보다는 몇 개의 점포들을 직영으로 하여, 다른 사람들에게 눈에 띄는 성과를 보여 줄 수 있어야 한다. 성과를 내려면 처음부터 아낌없는 투자가 필요하다. 가령 패션 사업일 경우, 처음 몇 직영 점포는 월세가 다소 높더라도 가장 인기가 많은 지역(상하이라면 지우광 백화점 등)에 자리 잡고 다소 투자 예산을 높게 책정하여 본격적으로 내부 단장을 해야 한다.

외국 기업이 자주 착각하는 것인데, 중국 사업 같은 신규 시장에서는 일단 매출을 올리고 나서 이윤을 생각해야 한다. 상품이 팔릴지 어떨지도 모르는 상황에서 당장 흑자냐 적자냐 매달리는 것은 본말전도의 사고방식이다. 반대로 홍콩에서 직영점을 내고 높은 매출과 이윤을 증명하면, 동북아시아에서 프랜차이즈 지점을 열고 싶다고 일부러 찾아오는 경우도 있다.

이렇듯 프렌차이즈로 여러 점포를 여는 것이 목적이라면, 초반에는 이윤을 다소 제쳐 놓더라도 일단 흥행의 바람을 잡는 것에 집중해야 한다.

개점 비용과 가맹료를 싸게 책정한다

중국의 프랜차이즈 사업을 할 때 초반부터 달려 나가면서도 다른 요소도 함께 고려해야 한다. 프랜차이즈 점주의 시선에서 생각하여 '될 수 있는 한 개점 원가를 줄이는 것'이다. 설령 직영점조차 아직 내지 않은 상태라 해도, 100지점 분량의 도구와 상품을 발주하는 등 덩치를 키워서 원가를 떨어뜨릴 필요가 있다. 프랜차이즈 점주에게 있어서 가장 큰 진입 장벽인 초기 투자 원가를 반값으로, 혹은 3분의 1로 떨어뜨림으로써 부담 없이 시작할 수 있을 만한 분위기를 조성하는 것이다.

당연히 시설적인 원가뿐만 아니라 프랜차이즈의 가맹료도 될 수 있는 한 싸게 책정하는 것이 좋다. 중국의 프랜차이즈 가맹료는 소자본으로 개점할 수 있는 디저트 등의 사업이라면 한 지점 당 수만 위안, 규모 있는 레스토랑이라면 수십만 위안 정도이다.

중국에서 프랜차이즈 가맹점을 모집하는 일본 기업 체인이 '가맹료 500만 위안'을 내건 경우도 있다고 한다. 그런 조건 하에서는 아무리 일본에서 잘 나가는 프랜차이즈라 해도 중국에서 프렌차이즈 점주를 찾을 수는 없다. 물론 이러한 프렌차이즈 정책은 비단 중국 시장에서만 필요한 것은 아닐 것 같다.

또한 일본에서는 프랜차이즈 가맹료 외에도 매일 매출의 몇 할을 로열티로 지불하는 경우가 많다. 하지만 중국의 경우 원재료와 상품 대금 등 알기 쉬운 비용 외에는 로열티를 받지 않는 편이 낫다.

매출에 로열티를 책정하면 프랜차이즈 점장이 로열티를 지불하지 않기 위해 매출을 속이는 경우도 있고, 본부도 그걸 확인하기 위해 시스템이나 인력에 쓸데없는 비용을 지출해야 하기 때문이다. 그 비용은 결국 본사와 프랜차이즈 점주가 짊어지게 된다. 그래서는 서로에게 아무런 득도 없다. 점주 입장에서 보면 어떤 명목이건 간에 본사에 내야 하는 세금으로 여길 수도 있어, 차라리 원자재 가격처럼 눈에 보이는 비용을 내라고 하는 것이 낫다.

중국 프랜차이즈 사업은 일본과 비교해서 더욱 초반이 중요하다. 우선 상대가 돈을 벌도록 배려하는 것이 본사의 이윤을 올리는 지름길이다.

TIP. 28

★ 중국에서의 프랜차이즈 사업은 초반이 중요하다. 직영점으로 성과를 낸 후 점주를 모으고, 개점 비용이나 가맹료를 싸게 책정해서 최대한 진입 장벽을 낮춘다.

★ 매출에 따른 로열티는 추가적인 시스템과 인력이 발생하기에 좋은 방법은 아니다.

<u>29</u> 중국 기업의 상식과 당신의 상식은 다를 수 있다

중국 기업과 거래하는 것은 보통 일이 아니다. '분배'나 '상식' 같은 단어가 당신이 생각하는 것과 다를 수 있기 때문이다. 그러나 로마에 가면 로마법을 따라야 한다. 좀 심하게 표현한다면 외국 기업 입장에서는, 외국이라기보다 화성에서 장사를 하고 있다는 수준의 각오를 해두는 편이 좋을 수도 있다. 기성품이 아닌, 맞춰 제작하는 주문품을 수출할 때는 특히 그렇다.

일본 기업은 발주로 물건을 제작할 때, "세밀한 곳에 영혼이 깃든다."는 격언이 말해 주듯이 아주 작은 곳까지 신경을 쓴다. 때로는 제작된 물건의 완성도를 90%에서 100%로 끌어올리기 위해 전체 작업 시간의 80%를 쓰기도 한다. 일본 기업은 발주자가 '무엇을 만들어 주길 원하는가'를 정확히 알고 있어 그에 맞게 세세한 부분까지 지시를 내린다. 따라서 그것에 따라 제작하기만 하면 발주자의 요건을 만족시킬 수 있다.

반대로 중국 기업과 거래할 때는, 발주자 자신도 무엇을 만들어 주기를 원하는지 정확하게 알고 있지 못한 경우가 대부분이다. 그러므로 작업을 진행하면서 확실한 조건을 정할 필요가 있다.

중국 기업은 누가 책임자인지 알기 어렵다

게다가 '누가 책임자(의사 결정권자)인가'를 알기 어려운 것이 중국 기업의 특징이다. 발주 단계에서 충족시켜야 할 요건이 확실하지 않았기에, 물품 사양서까지 만들어 놓고 발주 기업의 담당자에게 내용을 다시 확인받으려고 하면 아무도 나서려고 하지 않는다. 특히 발주자가 정부 계열 기관이나 국영 기업일 경우에는 관료주의가 만연한 탓에 이런 상황은 더욱 심해진다.

발주 기업의 담당자가 의사 결정권을 갖고 있지도 않고 확인도 해주지 않는 이유는, 담당자 스스로가 나중에 책임을 지는 것을 두려워하기 때문이다. 가끔은 확인해 줄 수 있는 능력을 가진 사람이 처음부터 발주 기업 내에 없기 때문인 경우도 있다.

추가 조건이 계속 붙으니 제작이 끝나질 않는다

제작품 완성을 앞두고 발주 기업의 담당자에게 보여 주면, 이번에는 온갖 조건이 추가된다. 최종 완성품이 나온 뒤에도 계속 이걸 고쳐라 저걸 고쳐라 하는 요구가 끊이질 않는다. 중간에 확인받고 담당자가 OK했음에도 발주 기업의 책임자가 최종 확인한 후에 처음부터 다시 만들도록 지시한 사례도 들은 적이 있다.

물론 계약서에는 변경 사항이 많이 발생하지 않도록 (발생하면 추가 요금을 내도록) 세세한 내용까지 들어가 있고, 기획서 단계에서는 최대한 최종본과 비슷한 모양을 주문 기업에게 보여 줄 것 등 여러 조항이 붙어 있다. 그러나 중국 기업이 외국 기업 생각대로 움직여 주지 않는 경우가 대부분이다 보니, 결국 발주 기업의 요구에 맞춰서 유연하게 대응하게 될 수밖에 없다.

이해하기 어려운 부분일지도 모르겠지만, 중국 기업 입장에서는 끝없이 뒤엎는 진행 방식이 너무도 당연한 절차인 경우가 많다. 그것을 참을 수 있는가 없는가가 중국 기업과 사업을 해낼 수 있는가 없는가를 결정하는 관문이 되기도 한다. 반대로 말하면, 그것을 견딜 수 없는 회사는 중국 기업과 덜컥 거래를 터서는 안 된다는 말이기도 하다.

TIP. 29

★ 중국 기업의 방식은 외국 기업으로서는 이해하기 어려울 수 있으나, 상대방에게는 당연한 과정이라는 사실을 기억하라.

★ 중국 기업의 상식에 맞춰 유연하게 대처할 수 있어야 한다.

30 '6월이나 7월', 조금은 애매모호한 납기일

중국 기업에 주문 제작 상품이나 특별 주문품을 납품하는 사업을 할 경우엔, 마감 기한이 어떤가가 무척 중요하게 작용한다. '상대(중국 기업)에게 있어 죽어도 지켜야 할 납기가 있느냐 없느냐'이다. 만일 그런 납기가 있다면 진흙탕 전쟁이 될 가능성이 높기 때문에 수주를 받지 않는 편이 나을 수도 있다.

대부분의 기업은 이러니저러니 해도 계획을 좋아하는 성격을 갖고 있기 때문에, 상품을 예정대로 딱딱 맞춰 만들려고 한다. 반대로 중국 기업은 상황의 흐름에 맞춰 정하는 경우가 많다.

상품을 납품받을 중국 기업의 사내에서, '이날 윗분들이 오셔서 상품의 최종 확인을 한다'고 정해져 있다고 가정해 보자. 외국 기업은 당연히 그 날짜를 역산해서 예정에 딱 맞도록 작업 계획을 세우고 일을 진행한다. 그리고 고객인 중국 기업에도 그 작업 계획대로 움직여 달라고 요청한다. 그러나 이상하게도 보통 협력해 주지 않는다.

정확한 납기일이 애매모호하다

가령 중국 기업으로부터 '회사를 소개하는 용도의 영상을 제작해 달라'는 주문을 받았을 경우를 생각해 보자. 의뢰받은 기업은 당연하게도 상대편 담당자에게 영상을 만드는 데 필요한 회사 소개 정보를 요청한다. 그런데 이런 당연한 요청에도 기한 내에 정보가 올 확률은 매우 적다.

그러는 사이 작업이 점점 늦어진다. 이쪽 책임도 아니고, 멋대로 제작할 수도 없는 노릇인데 계속 밀리기만 한다. 상대 기업에게 반드시 지켜야만 하는 마감일이 없다면, 끝도 없이 납기가 미뤄질 뿐이다. 중국에서는 납기일을 '5월 31일까지'라는 식으로 딱 정해 놓기보다는 '6월이나 7월'이라는 식으로 모호하게 잡아 놓는 경우도 많다.

전시 공간 설치를 의뢰받은 사례도 있다.

업계 전반에서 개최되는 전시회장에 중국 기업이 출전하는 경우라면 전시일이 확실히 정해져 있어서 완료일을 알기 쉽다. 아무리 여유가 있는 중국 기업이라도 그날을 지나칠 리가 없기 때문에, '전시회 개장일까지 전시 공간 설치를 반드시 끝내야 한다'는 동기가 의뢰 기업 담당자를 움직이게 한다.

문제는 중국 기업의 공장이나 사무실 안에서 상설 전시 공간을 설치하는 경우이다. 이 경우에는 완성 마감일을 기업 스스로 얼마든지 바꿀 수 있기 때문에, 기업이 전시 공간을 보고 완전히 만족하지 않는 한 아무리 시간이 지나도 작업이 잘 끝나지 않는다.

반대로 중국 기업은 계획을 느긋하게 잡는 만큼, 외국 기업 사정으로 계획이 늦어지더라도 너그러운 편이다. 딱히 자기네 기업의 업무에 지장이 없다면 적당히 넘겨주는 경우가 적지 않다. 하여튼 '계획대로'를 추구하는 일반적인 기업과는 사뭇 다르다.

중국 기업을 상대로 장사하려면 이런 대응을 이해하면서 맞춰가는 태도와 결제가 늦어지는 것에 대한 대비가 필요하다. '자신의 방식이 옳다'고 생각한 나머지 중국에서 그 방식을 관철하려 하면, 그러한 태도가 무례하다고 느끼는 중국 기업에게서 수주를 따낼 수는 없다.

TIP. 30

★ 중국 기업에게 반드시 지켜야 할 마감일이 없다면, 납기가 점점 미뤄지는 늪에 빠질 위험이 있다.

★ 상대의 상식에 맞춰서 움직이는 것이 중요하다.

31 장사와 사업에서 100% 신뢰는 존재할 수 없다

현재 중국에서 중국인 파트너와 공동으로 회사를 경영하고 있다. 회사를 세운 지 6년, 지금까지 그 중국인 공동 경영자와 잘해 올 수 있었던 이유 중 하나는 아이러닉하게도 '그를 100% 믿지 않기 때문'이라고 생각한다.

원래는 중국인 경영자가 한 명 더 있었다. 운 좋게도 첫해부터 매출과 이윤을 꽤 올릴 수 있었다. 동시에, 일 년간 셋이서 함께 회사를 공동 경영하면서 서로가 사업에 임하는 태도를 비교하게 되었다.

나와 그리고 현재까지 함께 일하는 중국인 공동 경영자 두 사람은 열심히 일하면서 수입을 올렸다. 그러나 다른 한 사람은 실적이 없을 뿐 아니라 하룻밤에 5000위안이나 되는 접대비를 우리 허가도 없이 마구 사용하곤 했다. 도저히 참을 수 없었던 두 사람은 그 사람에게 아래의 조건을 반강제로 밀어붙였다.

- 앞으로 이윤의 절반은 기여도에 따라 나눌 것
- 이후 접대비를 사용할 때는 세 명 전원의 사전 동의를 받을 것

그러자 다음 날 사건이 일어났다. 그 중국인 경영자가 "너희들 과는 같이 회사 경영을 할 수 없다. 둘 다 해고다."는 메일을 보내 더니 통화를 거부하기 시작했다.

'무슨 말도 안 되는 소릴! 너야말로 해고다'라고 생각했지만, 우 리 두 명은 중요한 사실을 잊고 있었다. 형식상이지만, 이 회사의 법정 대표자는 그 사람이고 회사의 은행계좌나 도장 등도 그가 관 리하고 있었던 것이다. 그렇다. 우리 두 사람의 위기관리 태도가 느슨했던 탓에 그가 돈과 회사 도장을 모두 갖고서 도망쳐 버렸다.

그뿐이라면 둘만 손해를 보고 끝날 일이지만, 그가 거래처와 정 부 기관에 온갖 악담과 없는 이야기를 지어내서 흘린 탓에 이후 더 욱 큰 난관과 맞닥뜨려야 했다.

상대가 배신할 가능성을 고려하며 돈과 시간을 투자하라

당시에는 정말 고생했지만, 결국 어찌어찌 처리가 되었다. 이 사건을 계기로, 중국에서 사업을 하는 태도도 많이 바뀌었다. 공동 경영자에게 배신당했기 때문이 아니다. 그의 악담으로 궁지에 몰렸 을 때, 지금도 같이 일하고 있는 공동 경영자가 자신의 이익을 지키 기 위해 나를 버리는 행동을 취했다는 사실을 알았기 때문이다.

이것은 그를 탓할 일이 아니다. 어떤 인간이든 간에, 위험한 상

황에 몰리면 몰릴수록 자신의 이익을 우선시할 수밖에 없다. 오히려 '그는 같은 피해자인 나를 반드시 지켜 줄 것이다'고 생각해 버린 나의 어리석음을 반성해야 한다.

중국에서 절대로 속지 않을 방법 따위는 없다. 속을 가능성이 있다는 것을 염두에 두고, 될 수 있는 한 그 가능성을 줄이기 위해 돈과 시간을 투자해야 한다.

그 일 이후, 개인적으로 모든 것은 자신의 책임이라고 생각하며 일하고 있다. 그리고 지금도 그 중국인 경영자와 둘이서 회사를 공동으로 운영하고 있다. 이런 내용을 쓰고 나서 말하기는 좀 그렇지만, 지금도 그를 믿을 만한 경영 파트너라고 평가하고 있으며, 될 수 있는 한 오랫동안 함께 회사를 꾸려 나가고 싶다고 진심으로 생각한다.

하지만 동시에 그를 100% 믿고 있지는 않다. 100% 믿어서는 안 된다고 생각한다. 이러한 관계이기 때문에 그와 오랫동안 함께 회사를 경영해 나갈 수 있을 거라 판단하고 있다.

> **TIP. 31**
> ★ 속을 가능성이 있다는 것을 염두에 두고 그 가능성을 줄이기 위한 투자를 게을리 하지 마라.
> ★ 상대를 100% 믿지 않아도 바람직한 거래 관계나 공동 경영 환경을 구축할 수 있다.

32 천 개의 지점이 있는 패밀리마트가 적자?

먼 중국에서 사업을 하는 이상, 중국 기업(및 중국인)의 협력이 필요하다는 사실은 모두 인지하고 있을 것이다. 그러나 그렇게 간단히 도움을 받을 수 없다는 것 또한 사실이다.

중국 기업이나 중국인이 외국 기업에게 협력하지 않는 가장 큰 이유는, 자신들의 목적과 이윤 추구를 전면에 내세우고 있기 때문이라고 생각한다. 그래서 중국 기업이나 중국인들의 이윤을 먼저 생각한다면 상대방의 협력을 얻어 내는 것이 한결 수월해진다.

물론 상대의 비위를 무조건 맞추라는 뜻은 아니다. '나중에 이렇게 저렇게 우리도 이용하면 된다'는 전략을 머릿속에 세워 놓은 후, 상대방에게 이용당한 후에 이쪽도 중국 기업을 이용하라는 이야기이다. 즉, 유연하게 흔들리는 척하면서 상대방을 흔들어야 한다.

그러나 유감스럽게도, 이러한 전략을 잘 써먹고 있는 것은 중국계 기업뿐, 대부분의 외국 기업들은 이용당하고만 있는 것이 현재의 상황이다.

지점이 천 개나 있는데 소득이 없다

일본계 편의점인 중국의 「패밀리마트」가 그렇다.

패밀리마트는 대만계 거대 중국 식품 기업인 「딩신(頂新) 그룹」
과 협력하여, 2004년에 중국으로 진출했다. 8년 만에 중국 내 지점
이 천 개를 돌파했고, 중국에 진출한 일본 기업 중에서도 성공 사
례라고 일컬어진다. 그러나 창업 이래 계속 적자만 냈고, 2013년
말이 되어서야 겨우 흑자로 돌아섰다고 한다.

상식적으로 지점이 천 개나 있는 프랜차이즈가 적자라니 있을
수 없는 일이지만(적자라 가망이 없는 프랜차이즈라면 애초에 천
개나 생길 수가 없다), 이것은 현지 파트너로서 중국 패밀리마트
주식의 절반 이상을 갖고 있는 딩신 그룹의 노림수대로이다.

딩신 그룹 입장에서 보면 그룹 자회사인 「캉스푸(康師傅)」나 「웨
이취안(味全)」에서 만드는 인스턴트식품 등을 전국 천 개의 점포를
통해 공급할 수 있는 것이니, 당연히 막대한 이윤이 생겨난다. 중
국 패밀리마트가 줄곧 흑자를 내지 못했던 가장 큰 이유는, 주요
수입원인 딩신 그룹에게 이윤 배분이 유리한 구조였기 때문이다.

게다가 중국에 패밀리마트 지점이 많이 생기면 생길수록 딩신
그룹 식품회사의 이윤은 자연히 높아지게 된다. 그런데 지점을 늘
리기 위한 투자 자금의 절반은 일본 본사가 내는 등, 애초부터 중
국 쪽에 굉장히 유리한 사업 구조였던 것이다.

'중국 쪽에게 유리한 조건이라는 건 이미 알고 있다. 하지만 일본 본사도 투자 자금을 회수하고도 남을 이윤을 획득할 작전을 꾸미고 있다'고 생각할 수 있지만, 아마도 그럴 가능성은 희박해 보인다.

또 다른 일본계 편의점인 상하이의 「로손」도 마찬가지 상황이다. 1996년에 국영 대형 유통 기업인 「화롄(華聯) 그룹」과 합작으로 중국 최초의 편의점을 연 이후, 2004년까지 8년간 상하이 지점만 200개로 불어났다. 상하이 로손은 중국 편의점 업계의 선두 주자였다.

그러나 2004년, 합작 상대인 화롄 기업은 중국의 정치적 사정으로 인해 다른 대형 기업과 합병하여 「바이롄(百聯) 그룹」으로 재탄생했다. 주식의 절반 이상을 바이롄 기업에게 빼앗긴 상하이 로손은 이러지도 저러지도 못하고 방치되었다. 바이롄 기업은 상하이 로손을 경영하면서 흡수한 노하우를 이용하여 다른 편의점 체인을 확대하기 시작했다(2011년에 로손 본사가 상하이 로손의 주식을 85%까지 되찾는 데 성공하여, 현재 재건 중이다).

소리 없이 강한 스타벅스를 본받아라

내가 알고 있는 한, 이처럼 현재 상황에서는 대부분의 외국 기업들은 중국 기업을 이용하려고 하다가 소리 없이 강한 중국 기업들에게 계속 이용당하는 경우가 대부분이다. 그러나 외국 기업들도 작정하고 승부하면 상대를 이용하는 쪽으로 돌아설 저력이 충분히 있다고 생각한다. 중국 기업에게 이용당하면서도, 역으로 잘 이용하고 있는 기업인 스타벅스가 대표적인 예이다.

'차 문화의 원조인 중국에서 커피가 유행할 리 없다'고 모두가 생각하던 1999년, 스타벅스는 중국에 진출했고 베이징에 1호점을 열었다.

중국에 진출하던 무렵, 스타벅스는 '중국 기업에게 정찰을 시킨다'는 작전으로 맞섰다. 스타벅스는 베이징, 상하이, 광둥에서 현지 파트너들과 함께 점포를 운영할 기업을 설립했지만, 그를 위해 스타벅스가 출자한 비율을 보면 상하이와 광둥이 5%, 베이징은 놀랍게도 0%입니다. 당시 외국 자본의 출자 비율이 법적으로 정해져 있었다고는 하지만, 아무리 그래도 너무 적은 비율이다.

그 후 스타벅스는 예상보다 중국에서 커피 사업이 잘 된다는 것을 깨닫고, 2004년에 들어서야 비로소 (아마도 중국 진출 당시 현지 파트너와 했던 계약에 의거하여) 상하이 50%, 광둥 51%, 베이징 90%까지 자신들의 주식을 늘려 나갔다. 그리고 2005년 이후 진출한 다른 도시들(칭다오, 다롄, 선양, 충칭, 청두 등)에서는 당연하다는 듯 100%의 자회사로 사업을 개시했다.

이처럼 많은 외국 기업도 스타벅스처럼 소리 없이 중국 기업에게 이용당하면서도 이용하기를 바란다.

★ 자신들의 목적이나 이윤을 지나치게 내세우면 안 된다. 중국 기업의 이윤을 먼저 생각하지 않으면 상대가 협력해 주지 않는다.

★ 단, 나중에 충분히 돌려받을 수 있도록 전략을 잘 세워야 한다.

33 맞바람에 저항 말고, 바람이 등을 떠밀 때 올라타라

　　외국 기업이 중국에서 사업을 잘하지 못하는 이유 중 하나는 '흐름'을 보지 않고 장사를 하기 때문이다. 외국인의 입장에서 중국에서는 더더욱 시장의 흐름을 보아 가며 움직여야 한다. 그러나 "맞바람에 저항 말고, 바람이 등을 떠밀 때 올라타야 한다."는 격언을 알고는 있어도, 막상 사업에서 그런 상황에 되면 정면에서 불어오는 바람에 맞서 억지로 나아가려는 회사가 적지 않다.

　　정치적, 외교적인 문제 등로 불어오는 역풍은 눈치채기 쉽지만, 반대로 순풍이 부는 국면을 알아채는 것은 어려운 일이다.

　　발언권도 세고 협상력도 있는 입장에서 사업을 진행할 때는 상대편이 이쪽 사정에 맞춰서 움직이므로 굳이 흐름을 신경 쓰지 않아도 된다. 그러나 상대편의 발언권이 더 강할 때에는 상대의 사정이나 흐름을 살펴 가면서 거래를 해야 성과가 있다.

　　특히 13억이나 되는 시장을 무기로 하여 강경한 태도를 보이는 중국 대기업이나 중국 정부 기관과 사업을 할 때는, 특히나 상대방의 사정을 잘 살펴야 한다. 그래야 순풍에 돛 단 듯 사업하는 길이 열린다(국가 간의 협상 문제일 때도 근본적으로는 같다).

무리한 거래는 하지 말자

우리 상품을 팔기 위해 유통 업체를 찾는다고 가정하자. 그렇다면 중국 유통 업체가 우리 상품을 팔고 싶다고 생각하는 타이밍에 진행하는 것이 유리한 것은 당연하다. 상황에 따라서는 한 번에 엄청난 물량을 팔 수 있을 것 같은 거대 유통 업체에 돈을 써가며 억지로 밀어 넣는 것보다, 기대 물량은 적더라도 우리 제품을 팔고 싶다고 요청하는 중소 업체와 거래하는 것이 나은 경우가 많다.

역풍을 거스르며 억지로 거래를 성사시킬 경우에는(어쩔 수 없이 억지로 가게에 가져다 놓은 상품이므로) 반값 할인으로 팔려나가거나 반품될 확률이 높다. 반대로, 상대가 원해서 진행하는 거래라면 비교적 시간을 들여서라도 함께 힘을 모아 팔려는 의지를 보이기 때문이다.

뻔하다면 뻔한 이야기이지만, 이쪽 회사보다도 상대편의 상황, 상대의 타이밍을 우선하여 거래해야 기회가 늘어날 수 있다. 상하이 거대 백화점에서 일하는 지인은 이런 이야기를 자주 하곤 했다.

"아무리 잘 나갈 것 같은 상품이라도, 자기네 타이밍에 맞춰서 가게를 내려고 하는 업체와는 거래하기가 어렵습니다. 백화점에 이미 들어와 있는 다른 업체를 밀어내야만 하기 때문이죠. 상당히 큰 명분이 있지 않으면 무리입니다. 하지만 백화점이 리모델링을 한다든가, 컨셉을 바꾸는 타이밍에 제안을 건넨다면 순탄하게 진행되고, 좋은 조건으로도 입점할 수 있습니다."

좋은 타이밍을 기다리면서 계속 노력한다

중국의 고객 업체들에게 회사를 홍보하기 위해 '전시회'에 출전하는 경우도 그렇다. 전시회에 출전하여 수많은 방문객과 명함을 교환한 후, 우리 회사 영업 사원에게 지시하여 상대에게 연락하는 것은 어느 회사나 다 하는 일이다. 그러나 그 시점에서 긍정적인 반응을 보이지 않은 업체들은 방치하는 경우가 많은 듯하다. 이것 또한 상대의 사정이 아니라 우리 사정대로 사업을 하고 있다는 증거이다. 상대 업체들이 꼭 제품을 발주해야 하는 타이밍에 맞춰서 전시회가 열리는 것이 아니기 때문이다.

전시회에서 이쪽 제품을 좋게 평가해 준 업체라 해도, 그 후 얼마간 시간이 흐른 후에 실제로 제품을 발주해야 하는 타이밍이 돌아왔을 때 딱 우리 회사를 떠올려 줄 거라는 보장은 없다.

업체들이 제품을 발주하려고 생각하는 그 시기에(순풍이 불어오는 시기에) 우리 제품이 선택지에 들어가도록 하려면, 업체들에게 정기적으로 메일을 보내거나 연락을 취하려는 노력이 필요하다.

'그 정도야 기본이지, 우리 직원한테 벌써 지시했어'라고 생각하겠지만, 의외로 잘 되고 있지 않은 경우가 많은 듯하다. 눈에 띄게 매출을 올려야만 하는 영업 사원이 이렇게 티가 나지 않는 작은 노력을 계속 할 거라고 믿고 맡겨 두는 것은 바람직하지 못하다. 언제 거래가 성사될지 모르는 업체는 영업 사원 입장에서 볼 때 우선순위가 아니기 때문이다.

사업뿐만이 아니라 중국과 협상할 때도 순풍이 불 때 승부해야 한다.

예를 들어 중국 민족들이 지방 정부에게 뭔가를 요구하는 경우를 보자. 머리가 좋은 지도자가 있는 민족들은 순풍의 타이밍을 노려서 행동을 개시한다. 그 타이밍이란, 봄과 가을에 베이징에서 열리는 중국공산당 전당대회 직전이다. 이 타이밍에 눈에 띄는 소동이 일어나 중앙 정부에 소식이 알려지면, 자신의 출세에 영향이 올까 봐 겁을 먹은 지방 정부 담당자가 민족들의 의견을 받아들여 빨리 해결하려고 노력할 것이기 때문이다.

중국에서는 흐름을 보면서, 우리 사정이 아니라 저쪽 사정에 맞추어 유리한 입장을 선점하고 거래하는 것이 중요하다. 그렇게 하려면 '바람의 방향을 읽을 수 있는 정보 수집력'뿐만 아니라, '상대의 타이밍을 기다릴 수 있는 체력'과 '바람이 불어올 때 순식간에 승부를 낼 수 있는 결단력'이 필요하다.

TIP. 33

★ 상대의 타이밍을 잘 보고 거기에 맞추어 대응하는 것이 중요하다.

★ 그를 위해서는 정보 수집력과 버틸 수 있는 체력(자본금), 한 번에 승부를 낼 수 있는 결단력이 필요하다.

34 가장 비싼 통역은 그 이상의 역할을 해낸다

예전에 어느 일본 회사에서 '일본어–중국어의 통역을 할 줄 아는 사람'을 소개해 달라는 요청을 받은 적이 있다. 상하이의 중국 기업 경영자와 중요한 미팅이 있어서, 일본 본사에서 담당자와 함께 상하이로 출장을 간다는 것이다.

그래서 물어봤다.

"중요한 회담이니까 프로 통역을 소개해 드려야겠네요."

"아니요, 요새 회사가 경비 절감으로 시끄러워서요. 하루에 몇백 위안 정도 드는 일본어학과 학생이면 될 것 같습니다."

원하는 대로 일본어를 전공 중인 학생을 연결하기는 했지만, 나중에 들으니 그 미팅에서는 그다지 좋은 성과를 얻지 못했다고 한다. 원인이야 여러 가지 있겠지만, 가장 큰 원인은 미팅의 성공을 크게 좌우하는 '통역 비용'을 절감한 것이라고 생각한다.

이렇게 통역 비용에 인색한 사람일수록, 출장을 명목 삼아 비즈니스 클래스의 비행기를 타고 와서 오성급 호텔에 묵곤 한다. 즉, 자금 회수를 기대할 수 있는 항목(미팅)에는 투자하지 않고, 회수를 전혀 기대할 수 없는 항목(호텔이나 비행기)에 돈을 써버리는 것이다.

우수한 통역은 많은 것을 해낸다

우수한 통역은 상대와 우리의 회화를 단순히 통역하는 것이 아니라, 중국과 자국의 상식 차이를 이해하고서 상대가 대놓고 말하지 않는 진심을 끄집어낸다. 또한 이쪽의 주장을 상대가 이해할 수 있는 문맥으로 바꿔서 전해 주기도 한다. 그런 통역이 있다면 미팅의 성공 확률은 확실히 높아진다. 또한 면담을 도와주는 것뿐만 아니라, 이제까지 통역을 하면서 알게 된 인맥을 통해 우리 사업에 필요한 사람을 소개시켜 줄 가능성도 다분하다. 그렇기 때문에 통역비를 절감할 것이 아니라, 경험이 많고 우수한 인재를 고용해야 한다.

물론 회사에는 암묵적인 규약들이 여러 가지 있다. 그 규칙을 지키다 보면 '비즈니스석을 타고 날아와서 오성급 호텔에 묵고 대신 통역비를 절감하는' 상황이 될지도 모르겠지만, 아무리 규칙이 중요하다고 해도, 거래를 성사시키지 못하면 다 소용없다.

규칙만 지키면 거래가 자연히 성사되고, 정년까지 연금을 보장받을 수 있는 시대는 이제는 어디에서도 찾아볼 수 없다는 것을 명심해야 한다.

TIP. 34

★ 우수한 통역은 상대의 진심을 이해하고, 상대가 이해하기 쉽게 우리의 입장을 전달
한다.

★ 통역비를 절감해서는 안 된다. 다른 비용을 줄여서라도 우수한 통역을 고용하라.

35 앵그리버드가 오히려 가짜 업체와 손잡은 이유는?

외국 기업이 중국 사업에서 반드시 직면해야 하는 문제 중 하나가 바로 '가짜'이다.

중국에서 상품이 팔리기 시작하면 그 인기를 이용해 돈을 벌려는 가짜 상품이 반드시 나타난다. 유명 캐릭터 상품에서부터 인기 브랜드 가방이나 시계, 차와 기계 부품에 이르기까지, 온갖 분야에서 가짜 물건이 범람한다.

유명하고 인기 좋은 상품의 가짜는 팔기도 쉬워 간단히 돈을 벌 수 있고, 가짜 업체가 단속에 걸리거나 처벌받는 일도 그리 많지 않다. 이렇게 위험은 적고 소득은 높은 편이니 가짜를 파는 업체의 수는 계속 늘어나기만 할 뿐, 결코 줄어들지 않는다.

또한 중국에서 아직 판매되지 않는 상품도, 본사와는 전혀 상관 없는 중국 기업이 중국에서 멋대로 상표권을 획득하는 경우도 있 다. 이럴 경우에는 정작 진품을 중국에서 판매할 수 없게 된다(이 경우, 중국에서는 진품 브랜드가 가짜가 되기 때문이다).

악의를 가지고 먼저 상표권을 등록한 중국 기업은 '모처럼 획득한 상표권을 썩힐 수 없다. 이 상품을 우리가 직접 제작해서 판매하자' 혹 은 '우리가 갖고 있는 중국 내 상표권을 외국 본사에 비싸게 팔아넘기 자'는 방식으로 돈을 벌려고도 한다.「무인양품(MUJI)」이나「짱구는 못 말려」도 중국 기업에게 상표권을 뺏기는 바람에 몇 년 동안이나 중국 에서 자신들의 상품을 팔지 못했다.

가짜 문제에서 자유로울 수 없는 중국에서는, 변호사를 써서 가 짜 업체들에게 강경 대응하는 것이 일반적인 방법이다. 중국에서 가짜 상품이 엄청나게 쏟아져 나오고 있는 건강 음료 브랜드의 현 지 법인 경영자가 매일 반복해야 하는 업무가 바로 '가짜 대응을 위한 결재 서류에 사인하는 것'이다.

그러나 '가짜 업체에게 법적으로 대응한다'는 방법에도 현실적 인 한계가 존재한다. 종이 위에서는 우리가 이길 수 있지만, 실질 적으로는 가짜 업체에게 유리한 경우도 많은 데다가 가짜 업체가 처벌받는다고 해도 바로 다른 업체가 나타나기 때문이다. 마치 끝 나지 않는 두더지 잡기 게임과도 같다.

애초에 외국 기업으로서 가짜 업체와 대결하는 것은, 모르는 땅 에 가서 민간인들 사이에서 숨어 있는 게릴라와 싸우는 것과도 같다. 그러자 '눈에는 눈, 이에는 이'라는 식으로 게릴라전은 게릴라에게 상대하자는 방식으로 대응하는 회사도 생겨났다. 게임 앱으로 유명한 「앵그리버드」도 그중 하나이다.

가짜 업체를 이용하는 방법도 있다

앵그리버드는 중국에서 1억 건 이상 다운로드된 인기 게임이다. 앵그리버드에게 있어서 중국은 미국에 이어 세계에서 두 번째로 크고 중요한 시장이다. 하지만 예상처럼 중국에서는 온갖 가짜 업체들에 의해 앵그리버드의 다양한 가짜 상품들이 팔리고 있었다. 이에 중국에 본격적으로 진출한 핀란드의 「로비오(Rovio)」 본사는 '가짜 업체들과 싸우지 말고 이용하자'는 전략을 세운다.

로비오는 중국에 있는 몇몇 가짜 업체들과 손을 잡고 그 외의 가짜 업체들과 싸우고 있다. 또한 파트너로 함께 일하는 가짜 업체(신발 메이커, IC카드 등을 복제해서 판매한 경력이 있는 업체)의 상품을 앵그리버드의 앱 속에서 무료로 광고해 주고 있다. 일부 가짜 업체들을 파트너로 삼으면, 그 업체들이 다른 가짜 업체들을 퇴치하려고 노력하기 때문이다.

로비오는 가짜 상품을 앱에서 무료로 광고해 줄 뿐만 아니라, 가짜들이 먼저 만들어 낸 상품을 보고 아이디어를 참고하여 새로운 상품을 개발하기도 한다. 가짜 업체가 베이징에서 판매 중이던 앵그리버드의 풍선을 본 로비오 직원은 그 아이디어를 이용해서, 본사에서 정식으로 앵그리버드 풍선을 만들어 팔기도 했다.

뿐만 아니라 중국의 오피셜 스토어에서 아직 가짜가 베끼지 못한 특이한 상품을 발매하거나, 진짜 상품을 구입한 사람들만 다운받을 수 있는 새로운 아이템을 배포하는 등 여러 노력을 기울여 가짜 상품과 진짜 상품을 차별화하고 있다.

중국 기업을 잘 이용하여 가짜 업체들에게 대응하는 일본 기업도 있다. 중국에서도 인기인 「울트라맨」, 「마루코는 아홉 살」, 「명탐정 코난」과 같은 캐릭터 상품은, 상품 관리를 잘하는 것으로 유명한 중국 국내 기업에게 위탁함으로써 가짜 물건에 대응하고 있다. 이런 방법도 꽤 성과가 있다고 한다.

가짜와의 전쟁에서 이기는 방법은 이외에도 얼마든지 많이 있다. 적뿐만 아니라 주변에 있는 모든 것을 이용하는 발상을 갖는 것이 타지에서 사업할 때는 무척 중요하다.

TIP. 35

★ 중국에서는 가짜를 제작 판매하는 업체들이 끊이질 않아서, 반드시 가짜 상품의 대응책이 필요하다.

★ 법적으로 대응하는 것도 중요하지만, 가짜 업체와 손잡고 다른 가짜 업체와 싸우는 '게릴라 대 게릴라' 작전도 유용하다.

36 원가 전쟁에서 패배하면 그냥 떠나는 게 좋다

중국에서 매출을 올리고 사업을 확대하려면 경쟁 상대인 거대 중국 기업들에게도 져서는 안 된다. 규모와 지명도에서 압도적으로 유리한 거대 중국 기업과 싸워서 이기려면 상품 계획과 마케팅 등의 공격 측면에서 경쟁할 뿐만 아니라, 우리에게 불리한 약점을 가능한 한 틀어막는 방어 면에도 신경 써야 한다.

여기서 방어는 매우 중요한 요소이지만, 외국 기업에서 자주 내버려두는 부분 중 하나이다. 그것은 바로 중국 기업과의 가격 경쟁이다. 달리 표현하면 우리의 원가를 될 수 있는 한 경쟁 상대와 비슷하게 만드는 것이다.

"아니, 가격 경쟁은 무리지. 직원의 인건비부터 다르잖아. 법적 기준이라는 게 있는데."라는 반론이 나오겠지만, 이 반론은 결코 합리적이지 않다.

왜냐하면 고객인 중국 소비자(중국 기업)에게는 그런 변명이 통하지 않기 때문이다. 고객의 입장에서 보면, '상품 가치'에 시선을 둘 뿐, 그 안에 포함되는 원가 따윈 아무런 의미가 없다.

즉, 외국인 직원이 몇 명 있건 간에, 법적 규정을 지키기 위해 얼마나 돈이 필요하든, 그것 자체는 문제가 될 수 없다. 다른 중국 기업보다 원가가 높은 만큼의 가치가 놓은 상품과 서비스를 제공하지 못하고 있다는 점이 문제이다.

반대로, 고객의 입장에서 가치가 높은 상품이나 서비스를 제공할 수 없다면 될 수 있는 한 쓸데없는(상품 가치를 높이는 데 도움이 되지 않는) 원가를 줄이고, 조금이라도 중국 경쟁 기업과 비슷한 가격으로 낮추려는 노력이 필요하다(개인적으로 대부분 외국 기업은 아직도 쓸데없는 원가가 많다고 생각한다. 더 절감할 부분이 분명 있다).

그렇게 절감한 비용으로 매출을 올리고 사업을 확대하는 것이다. 무조건 원가를 20% 이상 깎을 것이 아니라, 각 원가의 가치를 정확하게 파악하고 잘라 낼 필요가 있다. 그러려면 외국 기업의 의사 결정권자가 중국의 시세를 정확히 파악하고 있어야 한다.

일반적으로 중국 거대 기업에서 일하는 직원들의 출장 비용은 하루에 50위안, 호텔 숙박료는 200위안까지 가능하다. 그에 비해 일본인 직원의 출장 비용은 하루에 250위안이나 되면서, 오성급 호텔에 묵는 일도 비일비재하다. 이렇게 의미 없는 지출이 많아서야 도저히 중국 거대 기업과의 원가 경쟁에서 이길 수가 없다.

일본인이 출장을 갈 때도 루지아(如家, 중국의 저가 비즈니스호텔 체인)같이 하루에 200위안인 호텔에 묵게 하고, 꼭 가야 하는 출장만 보내는 등 절감이 필요하다. 자기는 일본에서 상하이까지 비즈니스 클래스를 타고 오고 고급 호텔에서 머물면서, 현지 법인의 우수한 중국 직원의 월급을 깎는다든지, 중요한 회담의 통역 비용을 깎는 등의 일본 본사의 태도를 보면 한숨이 절로 나온다.

원가가 높은 자국의 거래처도 다시 확인하자

언어가 통한다는 이유만으로 자국의 거래처와 일하는 것도 다시 생각할 필요가 있다. 사람을 소개받을 때도 이는 마찬가지이다.

일본인이 운영하는 중국인 직원 소개소를 예를 들어 보면, 우리 요구나 기업 문화에 대해서는 잘 생각하지도 않고 일단 취업 희망자를 잔뜩 보내 놓은 후, 취업자의 연봉 3개월 치를 소개료로 요구하는 곳도 있다. 그럴 바에는 차라리 우리 회사의 장점과 단점을 모두 알고 있는 내부 직원에게 요청하여 지인이나 친구를 소개받는 편이 낫지 않을까.

웨이보 같은 SNS에서 팔로워 수가 많은 트렌드 세터에게 우리 회사 제품을 소개해 달라고 요청하는 것은 유용한 수단이지만, 그 경우에도 만약 일본인이 운영하는 홍보 대행업체를 통하면 매번 3000위안이나 되는 큰돈을 지불해야 한다. 반면 회사 내부의 중국인 직원과 의논해서 적당한 웨이보 유저를 찾아내고 직접 연락하면 300위안 정도로 협상이 가능하다. 같은 예산을 쓸 거라면 후자가 10배나 되는 효과를 낼 수 있다.

큰 소리로는 말할 수 없지만, '연봉만큼 일하지 못하는 자국인 직원을 자국으로 돌려보내는 것'도 방법의 하나라고 생각한다.

외국 기업 대부분은 중국 거대 기업과 비교하면 압도적으로 불리하다. 그러나 진심으로 중국에서 사업을 확대하고 싶다면, 원가의 가치를 정확하게 파악한 후 그 돈을 소비 개념이 아닌 투자 개념으로 사용해야 한다. 이렇게 세세하게 신경 쓰면서 사업을 하기 위해서는 당연하지만 엄청나게 많은 시간을 투자해야 한다.

TIP. 36

★ 외국 기업도 노력 여하에 따라 중국 기업의 원가와 비슷하게 맞출 수 있다.

★ 언어가 통한다는 이유로 자국 기업과 일해서는 원가를 절감할 수 없으며, 반드시 중국의 시세를 파악해야 한다.

37 고품질과 높은 가격으로 승부하는 시대는 끝났다

앞 장에 이어서 계속 원가에 대한 이야기이다.

중국 시장에서 외국 기업이 사업을 시작할 경우, '품질이 낮고 가격이 싼' 중국 기업에 대항해 '품질이 좋고 가격이 비싼' 정책으로 승부하는 것이 일반 상식이라고 생각하기 쉽다.

그러나 대부분의 외국 기업의 주무기라고 칭할 만한 '고품질, 높은 가격' 전략은 요새 중국에서 통용되지 않는다. '싸고 질 나쁜 제품'이라고 외국 기업들이 깎아내리는 중국 기업들의 제품이 옛날만큼 수준 낮지 않기 때문이다. 중국 기업이 노동 집약적인 생산 체제를 정비하고, 외국에서 성능 좋은 공업 기기들을 도입하여 생산 라인을 자동화한 결과, 품질이 상당한 부분까지 올라왔다.

또한 외국 기업이 새로운 기능을 가진 신제품을 시장에 내놓아도, 복제품에 능한 중국 기업들이 곧바로 똑같은 기능을 가진 복제품을 출시한다. 이래서는 외국 기업이 오랫동안 버틸 수가 없다.

'그럭저럭 괜찮은 품질과 싼 가격'으로 승부해야 한다

중국 기업의 품질과 성능이 외국 기업과 똑같은 수준으로 올라오면, 남은 것은 가격과 지명도밖에 없다. 이런 상황에서는 외국 기업이 중국 기업에 이길 가능성은 무척 낮아 보일 수밖에 없다. 그럼 외국 기업은 중국에서 어떻게 승부해야 할까?

분명히 이야기하자면 '저가'를 목표로 삼아야 한다. '중국 기업만큼 가격을 내려야 한다고? 그게 말이 되나!' 이렇게 생각할 수도 있지만, 중국에서 경쟁하는 외국 기업이 살아남으려면 '그럭저럭 괜찮은 품질과 낮은 가격'을 지향해야 한다.

여기서 다시 한 번 설명할 필요는 없겠지만, 다른 어떤 요인보다도 강력하고 알기 쉬운 차별화 전략은 경쟁 상품보다 '싸다'는 것이다. 물론 단순히 경쟁 상품보다 싼 가격을 매겨 봤자 오래 갈 수는 없다. 자사의 이윤을 희생해서 소비자를 끌어모으는 방법을 오래 쓰면 쓸수록 회사의 체력(자본)은 떨어지기 마련이다. 게다가 경쟁 상대가 똑같이 가격을 내리면 아무 소용도 없다. 그래서 외국 기업이 우위를 점하려면 '싼 가격'보다 '낮은 원가'를 확정해야 하는 것이 우선이다.

원가를 경쟁 상대보다 낮게 만드는 것이야말로 외국 기업이 중국 땅에서 취해야 할 전략이다. 경쟁 상품보다 원가가 낮으면 선택할 수 있는 전략의 가짓수도 늘어난다(가격을 내린다거나 마케팅 및 판촉 비용에 투자하는 비용을 늘리는 등). 그만큼 승률이 올라가는 것이다.

기술력과 조직력으로 원가를 내린다

문제는 '어떻게 원가를 내리는가'이다. 중국 기업처럼 값싼 원재료를 사용하고 적당히 생산을 관리해서 가격을 내리는 것은 의미가 없다. 외국 기업이 지향해야 할 가장 좋은 수단은 기술력과 조직력으로 원가를 내리는 것이다. 중국 기업과 원가 전쟁에서 승리하는 것은 쉽지 않은 일이지만 결코 불가능한 것도 아니다.

자동차를 개발하고 생산할 때 자주 쓰이는 방법을 예로 들어 보겠다. 원래는 자동차 모델별로 각 차를 하나하나씩 조립했었다. 그러다가 전체 시스템을 모듈 단위로 통일하고, 자동차 모델을 옆으로 옮기며 그 모듈을 이용함으로써 원가를 절감했다. 기술력이 있는 외국 기업이라면 이런 방법은 충분히 가능할 것이다.

또한, 제조 원가를 회사에서 조정할 수 없는 판매업자라도 조직력으로 원가를 내릴 수 있는 방법이 있다. 일본의 금형 부품 상사 「미스미」는 이제까지 중소 금형 메이커들이 개별로 조달하던 금형 부품을 직접 관리하기 시작하면서 부품 단가를 낮추는 데 성공하기도 했다.

여러 지점을 갖고 있는 소매 유통업에서도 단가 절감은 충분히 가능하다.

조직 정비를 잘 못하는 중국 기업은, 지점을 늘리는 속도는 빠르지만 조직력이 없고 가게의 매출도 점장 개인의 능력에 따라 달라지는 경우가 많다. 그렇기 때문에 지점이 늘면 늘수록 비효율성이나 흘러나가는 돈도 늘어난다. 그렇기에 각 지점 레이아웃이나 작업의 표준화 같은 조직력 및 시스템을 중국인들 특성에 맞게 바꾼 후 회사에 도입하면, 효율적인 단가 절감도 가능할 것이다.

외국 기업은 고품질과 높은 가격으로 승부해야만 한다는 고정 관념을 잊고 처음으로 돌아가 원가로 중국 기업과 싸워서 이길 만한 전략을 세워야 한다. 외국 기업이 단가로도 중국 기업과 승부할수준이 된다면, 품질을 포함하여 압도적인 우위를 점할 수 있으며, 중국 시장에서도 매우 유리하게 싸울 수 있을 것이다.

158

38 덧셈이 아닌 뺄셈으로 승부하라

매출을 늘리는 방법을 생각할 때, 자주 사용하는 것이 덧셈이다.

'새로운 상품을 집어넣는다', '새로운 시장을 개척한다', '지점이나 점포 수를 늘린다', '영업 사원을 늘린다', '광고 비용을 늘린다' 등을 포함하여 '지금 상태에 뭔가를 더해서 매출을 올린다'는 전략이다. 단순하고 알기 쉬운 방법이라 할 수 있겠다.

하지만 외국 기업이 중국에서 사업을 하려면 이러한 덧셈만으로는 일이 풀리지 않는다. 쌓아 올리는 방식으로 매출을 올리려 하지만, 생각한 만큼 결과가 나오지도 않고 심지어는 내려가기도 하는 경우가 적지 않기 때문이다.

'덧셈'을 하기 전에 기존에 하던 사업을 체크하라

왜 덧셈이 먹히지 않는 것일까? 두 가지 이유로 분석할 수 있다.

하나는 덧셈의 규모가 경쟁 상대(중국이나 미국 기업)와 레벨이 다르기 때문이다. 우리는 하나씩 하나씩 쌓아 올리는데, 상대방은 한 번에 열 개씩, 백 개씩 더해 가니 상대적으로 마이너스가 되고 만다. 하지만 이건 어쩔 수가 없다. 돌다리도 두들겨 보고 건너는 것이 대부분의 기업 특징이라, 저들처럼 한꺼번에 마구마구 쏟아붓는 작전은 무리일 뿐만 아니라 어울리지도 않는다.

오히려 외국 기업이 주목해야 할 부분은 또 다른 이유인 '기존에 하던 사업이 잘 풀리지 않는 상황에서 뭔가를 더 추가한다'는 점이다. 뭔가를 더해서 매출 증진을 노릴 것이 아니라, 기존 사업을 한번 더 검증함으로써 표면에 드러나지 않은 사업 가치를 끌어내야 한다고 본다. 달리 말하면, 덧셈보다 뺄셈이 중요하다는 것이다.

누구나 간단하게 할 수 있는 덧셈과 달리, 뺄셈은 난이도가 높다고 볼 수 있다. 빼서는 안 되는 것과 빼야 하는 것을 파악할 수 있는 능력이 있어야 하기 때문이다.

기성복의 세계에서도 마찬가지이다. 휘장이건 브로치건 더함으로써 옷의 가격을 올리려는 중국과는 달리, 패션 선진국에서는 오히려 심플한 디자인으로 가치를 올려야 한다. 「애플」에서 나온 여러 제품도 뺄셈으로 성공한 전형적인 사례로 볼 수 있다. 스케일이 다른 중국 기업과 덧셈 경쟁을 해서 이기려고 하기보다는 뺄셈을 통한 전략적 선택이 필요하다.

뺄셈을 하면 새로운 차원의 해결책을 찾을 수 있다

인기 상품 한두 개에 의지하여 중국에서 수익을 올리고 있는 외국 기업이 적지 않다. 상품 하나에 수입이 지나치게 몰려 있으면 당연히 위험성도 높다. 그러니 빨리 두 번째, 세 번째 인기 상품을 만들어 내기 위해 덧셈을 하고 싶어지는 기분을 모르는 건 아니다. 그러나 여기서 한번 참아야 하는 명백한 이유가 있다.

뺄셈을 하면 효과가 분명히 나온다.

이것저것 돈을 써서(덧셈을 해서) 매출을 올리는 방법을 쓰지 못하게 막으면, 사고의 방향이 강제적으로 '기존 사업(중에서 잘 돌아가고 있는 사업)을 어떻게 키울 것인가'에 집중될 수밖에 없기 때문이다. '일이 많으니까 직원을 늘리자'가 아니라 '일이 많기 때문에 직원을 줄인다'는 역발상으로, 기존의 방식과 달리 생각할 필요가 있다.

중국 최대의 드러그스토어인 「왓슨스」도 지점 하나에 6000SKU (Stock Keeping Unit, 개별적인 상품에 대한 식별 관리 코드)라는 제한이 걸려 있다. 그래서 신상품이 하나 발매되면 반드시 기존 상품 하나가 밀려 나와야만 한다. 강제적으로 신진대사가 이뤄지는 셈이다.

또한 「이우이스(一伍一拾)」라는 중국판 1000원 숍 지점의 매출을 두 배로 올렸던 일본인이 있었다. 그가 매출을 두 배로 올릴 수 있었던 것도, '신상품을 추가한다는 선택지가 없었기 때문'이다. 매출을 확대하기 위해 가장 사용하기 쉬운 방법인 '잘 팔릴 것 같은 신상품을 출시한다'는 방법은 이우이스에서는 애초에 없었다. 그것 말고 다른 방법으로 매출을 올릴 수밖에 없는 상태에 몰렸기 때문에, 자신이 제어할 수 있는 범위 내에서 어떻게 해야 물건을 더 팔 수 있을지 열심히 노력한 결과, 멋진 성과를 올린 것이다.

자신의 회사가 중국 사업에서 정체 중이라는 느낌을 받는다면, '덧셈'을 생각하기보다 '뺄셈'을 하여 새로운 차원의 해결책을 찾아보는 것이 순서가 아닐까.

TIP. 38

★ 매출을 올리기 위해 새로운 상품을 투입하는 '덧셈'은 중국에서 경쟁으로 이길 수 없다.

★ 기존 사업을 정비하고, 어떻게 하면 매출을 올릴 수 있을지 공부하는 '뺄셈'이야말로 성공으로 이어지는 길이다.

제3장

중국 직원은
어떻게 일을 하는가?

중국 직원의 능력을 최대치로 끌어올리는 방법

39 작은 실수를 봉쇄하려고 힘쓰지 마라

　얼마 전에 회사에서 일하는 중국인 직원이 청구서의 발행일을 잘못 기입해서 일본 기업 측에 보내 버린 사건이 일어났다. 옛날 파일을 기반으로 청구서를 작성하다 보니 그만 날짜를 수정하지 않고 발행한 것이다.

　거래처가 그것을 지적했을 때 당황스럽기도 하고 많이 부끄러웠다. 그래서 실수한 중국인 직원에게 "일본 기업은 이런 마무리 실수에 민감하니까 조심해. 다음번에는 거래처에 보내기 전에 몇 번이고 확인해서 실수 없이 해."라는 주의를 주었지만, 그 직후 '잠깐, 그게 아니지'라는 생각이 들었다. 이런 태도가 바로 외국 기업이 중국에서 사업할 때 저지르는 문제 중 하나라는 생각이 들었던 것이다.

지나친 잣대로 실수를 없애려고 노력할 필요는 없다

날짜 실수 같은 '마무리 실수'는, 일본에서는 '있어서는 안 되는 무신경한 실수'로 비쳐질 수 있지만 중국에서는 어느 정도 이런 실수는 용납되는 경향이 있다. 마찬가지로 중국 기업이나 중국 소비자에 대하여 그들이 기대하지도 않는 수준으로 실수를 없애기 위해 쓸모없는 노력을 들이는 것은 별로 바람직하지 않다.

그리고 따지고 보면 애시당초 '실수를 없앤다'는 것 자체가 인간이 작업하는 이상 불가능한 목표이다. 그렇기 때문에 제조 라인에서 불량 발생률을 떨어뜨리려 노력하는 것과 동시에 어느 정도의 실수를 감안한 시스템 구축이 필요하다.

개개인의 실수에 민감하게 반응한 나머지 실수한 사람에게 질책을 하는 것은 사실 별로 도움이 되지 않는다. 두더지 게임을 하듯이 개개인의 실수를 찾아내어 때려잡기보다는, 실수가 발생할 확률을 낮추는 시스템을 만드는 것이 더 효율적이라는 말이다. 즉 실수가 발생하더라도 자동적으로 검사하고 수정하는 시스템을 구축해야 한다.

모든 실수를 틀어막는 것은 불가능하다. 대신 커다란 실수가 나오지 않도록 그 부분에 감시 및 체크 시스템을 집중해야 할 필요가 있다.

감정적인 대처가 아닌 실수를 줄이는 시스템을 구축하라

중국 최대의 드럭스토어인 왓슨스는 어느 정도의 실수를 인정하면서 공존하는 대표적인 기업 중 하나이다.

점장의 KPI(중요 업적 평가지표)의 항목 중 하나에 '지점 재고 정확률'이라는 것이 있어서, 점장이 재고에 신경을 쓰게 만든다. 그러면서도 시스템으로 실수가 적게 일어나도록 받쳐 주고 있다. 예를 들면, 본사에서는 지점에게 재고 데이터 예상표를 가르쳐 주지 않는다. 수치상으로 현재 재고가 얼마쯤 남아 있을 거라는 데이터를 지점에 알려 주면, 지점은 그것만 믿고 제대로 재고를 확인하지 않을 수 있기에 지점으로 하여금 실재고 파악에 힘쓰게 하는 방법이다. 거기에 매월 본사가 각 점포별로 지정하는 35SKU(최소관리단위)만 각 점포에서 파악하게 만드는 것도 그렇다. 가장 중요한 SKU만 집중 관리하여 실수를 줄이는 것이다. 심지어 점포마다 지정된 35SKU가 다 다르다. 만일 달마다 재고 조사 결과가 안 좋으면 본사에서 재고 전문 감사 직원이 내려와 조사하고, 결과에 따라 점장에게 페널티가 주어진다.

이렇듯 실수가 일어나는 것이 당연하다는 사고방식 아래, 감정적으로 화내기보다는 실수가 생기더라도 다른 곳에서 교차 검증함으로써 문제를 줄이는 시스템을 구축해 놓은 것이다. 직원의 실수에만 신경을 쓰다 보면, '실수를 없애는 것'에만 집중하느라 더 중요한 일들에 에너지를 사용하지 못하기 때문이다. 실수를 완전히 없애려고 하면 할수록 소용없는 노력과 고생을 하게 되는 경우가 많다. '실수를 원천 봉쇄한다'는 대의명분을 위해 돈과 시간을 쓰는 것도 가능하겠지만 거기서 모든 힘을 낭비하는 것보다 더욱 중요한 일에 힘을 쓰는 것이 필요하다.

실수를 잡으려고 지나치게 혈안이 된 까닭에, 계약서 날짜 등의 실수보다 훨씬 더 중요한 '중국에서의 사업 확대'에 쏟아야 할 역량이나 힘이 모자를 수도 있다. 이것은 실수에만 국한된 이야기가 아니라 직원들의 회사에 대한 충성도 등을 과도하게 요구하는 경우에도 마찬가지이다.

외국 기업 입장에서는 '실수'에 조금 더 관대해질 필요가 있다. 용서할 수 있는 범위의 실수는 그냥 넘기는 등 너무 민감하게 반응하지 않도록 주의하고 사업 확대에 포커스를 맞추는 것이 좋지 않을까.

TIP. 39

★ 직원의 실수를 없애는 데에 에너지를 쓰기보다, 실수를 발견할 수 있는 시스템을 만들어야 한다.

★ 사소한 실수에 집중하기보다는 중요한 '매출 증진'이나 '사업 확대'에 신경을 써라.

40 역시 100점이 아닌 70점을 목표로!

일본 제조업이 세계 시장에서 승부할 수 있는 강점은 '기술'과 '품질'이고, 일본의 서비스업이 세계에서 내세울 만한 강점은 '고객 서비스'라고 할 수 있다.

고객에게 "어서 오십시오."라고 인사하는 것부터 시작하여 "감사합니다."로 끝나는 미소의 서비스. '고객은 하느님'이라고 생각하던 일본의 전통적 서비스 정신은 세계에서도 인정받고 있다. 물론 중국인도 예외가 아니다. 중국에서는 그러한 서비스를 받을 기회가 적기 때문에, 일본식 서비스에 대한 평가가 높은 편이다.

중국인 직원에게 일본의 접대 방식을 가르치기는 어렵다

실제로 많은 일본식 서비스 업체가 '접대 방식'을 무기로 삼아 승부하려고 중국에 진출했다. 그러나 유감스럽게도 대부분의 업체가 고전 중이다. 왜 그럴까? 요식업이건 미용업이건, 중국에서 서비스업을 운영할 때 손님을 직접 접대하는 사람은 바로 일본인이 아니라 중국인 직원이기 때문이다.

'고객은 하느님'이라는 생각으로 서비스 정신이 투철한 일본인과 달리, 자신 스스로도 제대로 된 접대를 받아본 경험이 없는 중국인 직원에게 일본식 서비스를 교육시키는 것은 상상 이상으로 어려운 일이다.

중국에 막 진출했을 무렵에는 일본인 직원을 중국으로 파견하여 서비스의 질을 올리고, 중국인 직원에게 '일본식 접대란 어떤 것인가'를 직접 보여 줌으로써 순조롭게 자리를 잡기 시작하지만 일본인 직원이 돌아간 후 남겨진 중국인 직원들 중심으로 재정비했을 때 문제가 발생하게 된다. 이때부터 서비스 품질이 확 떨어지고, 평판과 실적도 타격을 받는 것이 일반적인 현상이다.

이러한 실패를 방지하기 위해, 중국인 직원을 반년이나 1년 정도 일본으로 파견해서 접대 시스템을 공부하게 하는 회사도 있다. 실제로 일본에서 생활하면서 일본의 서비스를 이해하게 만들고, 훌륭한 프로로 키워 낸 후 중국으로 돌려보내 활약시키자는 작전이다. 그러나 이것도 이직이라는 암초에 부딪칠 수 있어 좋은 전략이라고는 볼 수 없다.

중국 스타일을 받아들여 70점을 목표로 삼아라

이렇게 까다로운 중국에서도 '접객 서비스'를 무기로 내세울 방법이 있다. 일본 방식을 그대로 이식하지 말고, 중국식으로 바꿔서 서비스를 제공하는 것이다.

100점을 목표로 한다면, 중국인 직원을 길러 내 그들에게 의존하는 비즈니스 모델을 지향할 수밖에 없다. 그러나 유동성이 높은 중국의 노동 시장 속에서는 그들을 붙잡을 수 없고, 우수 직원들이 사라진 순간 30점 이하의 수준으로 추락하게 된다.

그러니 애초부터 100점을 노리지 말고, 평균 수준인 중국인 직원으로 제공할 수 있는 서비스를 목표로 삼자는 것이다. 즉 70점 정도 되는 서비스를 변동 없이 제공할 수 있는 시스템을 만드는 것이 중요하다.

그것을 실현시키려면 70점을 따내기 위해 꼭 필요한 요소, 즉 개인의 판단이나 능력이 필요 없는 요소만을 중점적으로 관리해야 한다.

TIP. 40

★ 자사가 가지고 있는 서비스 체계를 중국인 직원에게 완전히 가르치는 것은 어려운 일이다.

★ 100점의 서비스를 목표로 하기보다는 중국식 서비스로 바꿔서 70점을 노려라

41 회사와 직원은 기본적으로 비즈니스 관계일 뿐이다

중국에서 영업을 위해 밖에 나가면 항상 전투 자세를 갖추고 긴장을 풀지 않은 채 하나씩 하나씩 착실하게 노력해야 한다. 줄곧 긴장한 채 집중한다는 것은 보통 일이 아니다. 개인적으로 느끼기에는 일본에서 일할 때보다 세 배 이상 지치는 것 같다. 매일매일 이런 식으로 살다간 버티질 못할 듯한 느낌을 받을 때도 있다. 그래도 경계심을 풀어도 되는 공간, 즉 동료가 있는 회사에 돌아오면 겨우 편한 마음으로 업무를 보게 된다.

직원들이 거의 다 중국인이긴 하지만 그래도 일본어로 대화할 수가 있다. 또한 서로를 잘 아는 중국인 직원이 항상 미소 지으면서 정중하게 맞아 주기 때문에 일본에 돌아온 것 같은 기분도 든다. 이런 상황에 익숙해지면 '역시 우리 회사의 중국인들은 일반적인 중국인들과 달라. 모두 자기가 원해서 우리 회사에 입사했거든. 아마도 일본 방식을 배워서 일본 기업 속에서 살아가려고 노력하는 거야'라는 생각을 가질 수도 있다. 하지만 이렇게 생각하는 것은 커다란 착각이다.

'사이좋은 동료'에서 '싸워야 할 적'으로 언제든지 바뀔 수 있다

하지만 중국인 직원들과 '사이좋은 동료'가 아니라 '싸워야 할 적'으로 바뀌는 순간은 언제든지 올 수 있다. 바로 해고와 관련해서이다. '중국인 직원의 능력과 품성의 문제'이든 '회사의 실적 악화에 따른 인원 감축'이든 해당 직원이 해고 사실을 통보받으면 180도 다른 모습이 드러난다.

'아니, 그렇지 않아. 우리 회사의 중국인 직원들은 얌전하고 좋은 사람이 많거든. 우리 회사에서는 절대 그런 일이 안 생겨. 회사에서 혹 잘릴 때도 잘 얘기하면 좋게 헤어질 수 있어'라고 생각하는 외국 기업인을 많이 만났다. 그러나 그들 중 대부분은 끝내 중국인의 태도 변화와 마주치고 경악하고 만다.

외국 기업과 중국 직원은 비즈니스 관계이다

외국 기업과 중국인 직원들의 관계 또한 '급료와 보너스를 주는 상대', 즉 서로가 서로의 이윤을 추구하는 비즈니스 관계일 뿐이다.

'우리 회사의 경영 상태가 안 좋은 것은 그들도 알고 있다. 그러니 법에 정해 놓은 것 이상의 보상(퇴직금)을 달라고 하진 않겠지.'

'그는 자기가 제일 실력이 모자란 것을 알고 있어. 그러니 해고

하지 않는 대신 사표를 내 달라고 말하면 이해해 줄 거야.'

이런 태평한 생각을 하고 있다간 호되게 당할 수도 있다.

내일부터 회사가 자신에게 이득을 보태 주지 않는 존재가 된다는 사실을 아는 순간, 중국인 직원의 태도 변화는 어쩌면 당연한 것일 수 있다. 그리고 비즈니스 관계이기 때문에 회사를 그만두기전에 회사에 많은 이유를 들어 더 많은 돈을 받으려고도 한다. 지금까지는 눈치를 보며 청구하지 않았던 과거의 정산금을 요구하거나 심하게는 회사의 약점을 잡고서 협상하려는 직원도 있다.

물론 사이좋은 동료로서 아무런 탈 없이 이별을 고하는 중국인 직원들도 많다. 하지만 이렇게 극단적으로 이야기하는 것은 결국 외국 기업과 중국인 직원도 비즈니스 관계여서 무조건적인 신뢰보다는 조심성을 갖고 관계를 유지하는 것이 더 현명한 방법이기 때문이다.

당연히 입장이 바뀌면 지금까지 동료였던 직원도 적으로 변할 가능성이 있다는 것을 충분히 인식하고, 만일의 사태에 대비할 필요가 있다. 외국 기업에 국한되지 않고, 중국 기업에서도 기본적으로 비슷한 일들이 일어나는 경우가 많다는 것을 염두해 두면 좋다.

TIP. 41

★ 사이좋은 동료에서 위험한 적으로 바뀔 수도 있다는 것을 기억하라.

★ 직원과도 비즈니스 관계이기 때문에 전적인 신뢰는 위험할 수 있다.

42 회사의 이윤과 자신의 실적 사이에 고민하는 영업 사원

중국의 B2B 비즈니스에서 가장 중요한 '영업'에 관한 공략법으로 특히 중국인 영업 사원을 어떻게 더 유능한 집단으로 만들 수 있는지에 대해 설명하겠다.

중국 현지 법인 중 영업팀 조직에 애를 먹고 있는 외국 기업이 많다. 대부분의 외국 기업은 자국과 똑같은 영업 관리 시스템을 가지고 와서 특정 개인에게 의존하지 않는 영업팀을 구성하려 한다. 그러나 중국에서는 뜻대로 잘 되지 않는다.

이런 상태가 계속되면 '중국의 문화는 다르니까 어쩔 수 없어'라며, 일견 말이 되는 것 같은 이유로 백기를 들고 항복하는 외국인 영업 책임자가 적지 않다. 그러나 나는 그 시점에서 포기하는 사람이 영업 책임 담당자이기 때문에 일의 진척이 없는 거라고 생각한다.

외국 기업이 중국에서 영업팀 조직에 실패하는 가장 큰 원인은, '영업 관리를 잘하는 자국인'을 책임자로 중국에 파견하지 않기 때문이다. 자국의 영업부에서 잘할 것 같은 사람, 현장을 제대로 이해하고 전혀 다른 상황에서도 융통성을 갖고 대처할 수 있는 사람, 즉 영업 관리를 잘하는 우수한 인재를 중국에 보내지 않는 것이다.

실제로는 생산부나 관리부에서 온 사람이 영업자로 바뀌어 영업부 책임자를 맡게 되는 경우도 많다. 또한 영업부 출신자가 부임한다 해도, 일선에서 뛰는 직원이 아니라 스스로 물건을 팔아 본 적이 없는 관리자가 올 확률이 높다. 중국에서의 영업은 미경험자가 바로 할 수 있을 만큼 간단한 일이 아니다.

당연히 중국인 상대로 초보자가 영업 관리를 할 수 있을 리가 없다. "우수한 중국인 영업 사원이 없다.", "중국인은 영업적인 일에 약하다."는 변명만 늘어놓고 성과를 올리지 못하는 것은 어쩌면 당연한 노릇이다.

심지어 중국 영업팀의 전력이 형편없을 경우, 자국의 본사가 내놓는 대책이라는 게 '또 다른 관리자 파견'이다. 그러면 중국의 실정도 모르는 채 자국에서의 경험만 주장하는 사람이 새로 온다. 이런 식이라면 결국 마이너스 성장만 반복할 수밖에 없다.

영업 과정을 '보이게' 만들고 제대로 이해시키는 것이 중요하다

영업 관리자가 해야 할 일은 중국이든 어디서든 기본적으로 같

다. 사용할 수 있는 재료로 최대 성과를 내기 위해 영업 과정을 투명하게 만들어 새는 에너지를 없애고, 우선순위를 정해서 보다 높은 성과가 기대되는 안건과 영업 활동에 집중하는 것이다.

다만 최종적으로 영업을 실행하는 것은 사람이기에, 중국 직원의 지식이나 사고방식이 다를 수는 있다. 그 부분을 감안하여 영업 관리 시스템을 만들어야 한다.

실제로 영업 활동을 하고 있으면 우리 회사와 고객의 상황이 상반되는 경우가 생긴다. 그때에 '고객에게 우리 상황을 납득시키려면 어떻게 해야 하는가'에 대한 공부보다 '고객의 요구를 어떻게 우리 회사에 납득시킬 것인가'를 연구하는 것이 기본적인 중국인 영업 사원의 특징이다.

중국인 영업 사원의 입장에서 보면 고객의 많은 요구를 들어줘서 회사의 이윤을 줄이더라도 어쨌든 자신의 매출 실적이 올라가는 것이 더 중요하기 때문이다. 그럼 영업 사원의 실적을 회사의 이득률과 연동시키면 될 것 같지만, 그러면 또 다른 문제가 발생한다. 회사는 오랫동안 거래하고 싶은 고객일 경우 일시적으로 적자를 내더라도 맞춰 주는 전략을 쓴다. 그런데 이득률밖에 생각하지 않는 영업 사원이 해당 고객에게 자기 멋대로 가격을 올리는 통보를 해서 난리가 나기도 한다. 외국 기업과 중국 영업 사원은 '영업이란 어떤 것인가'에 대한 전제부터가 우선 다르기 때문에 그에 대한 상식과 방법도 다르기 마련이다.

평가 제도 등을 적용하여 '영업 능력'을 정기적으로 평가하는 방법도 있다.

레벨 1 : 회사에서 준비한 소개서 내용을 고객에게 설명할 수 있다.

레벨 2 : 상대가 우리 요구 중 몇 가지를 승낙하게 한다.

레벨 3 : 상대가 우리의 요구를 모두 수용하도록 만든다.

레벨 4 : 레벨 3을 달성한 후 상대에게 감사 인사를 받는다.

"고객과 좀 더 깊이 이야기하라."와 같은 애매한 표현보다는 중국 영업 사원들의 협상력을 올릴 수 있게 이처럼 레벨을 구체적으로 명시하는 것도 중국에서 강한 영업팀을 만들 수 있는 하나의 방법이다.

TIP. 42

★ 중국에서 훌륭한 영업팀을 만들고 싶으면 당연히 영업 관리에 능통한 우수한 담당자를 파견하라.

★ 사고방식이나 상식에서 '영업'에 대한 인식 차이가 있기에 중국식으로 맞춘 영업 관리 시스템을 구체적으로 확립해야 한다.

43 우수한 영업 사원을 억지로 틀 안에 가두지 마라

중국인 영업부에 영업 관리 시스템을 도입할 경우, '조직 영업에 관심이 없는 영업 사원을 억지로 끌어들이지 않는 것'은 철칙이다. 원칙적으로 '하고 싶은 사람만 하라'는 태도를 취하는 편이 낫다. 하고 싶지 않은 사람까지 억지로 끌어들이면 불평불만이 터져 나오고, 하고 싶은 마음이 있는 다른 영업 사원들에게까지 부정적인 영향을 끼치기 때문이다.

특히 영업 실적이 좋은 우수 영업 사원은 자신의 방식을 바꿀 생각도, 노하우를 공개할 생각도 없는 경우가 많다. 그런 사람은 이제까지 해온 방식을 고수하도록 내버려두는 것이 좋다.

우수 영업 사원은 관리하지 말고 방치하라

영업 관리 시스템 도입의 목적은 평범한 영업 사원도 70점짜리 영업을 해낼 수 있도록 이끄는 것이다. 자기 스스로 80점을 해낼 수 있는 사람은 당연히 스스로 하면 된다. 이런 우수한 영업 사원을 시스템 속으로 억지로 주저앉혀서 다른 사람과 보조를 맞추도록 할 필요가 없다. 오히려 우수 직원의 영업 실적을 칭찬하면서 박탈감을 느끼지 않도록 하는 것이 좋다.

같은 이유로, 우수 영업 사원을 영업팀의 리더로 세우는 일은 피하는 게 낫다. 스스로 물건을 파는 능력과 다른 사람이 물건을 팔도록 만드는 능력은 전혀 다른 문제이기 때문이다. 우수 영업 사원을 리더로 세우면 부하에게 노하우를 전해 줄 것 같지만, 실상 그렇지가 않다.

우수 영업 사원을 시스템 속으로 끌어들이려면 그 사람 스스로가 그러길 원하는 시기를 기다려야 한다. 영업 관리가 도입되어서 다른 영업 사원들의 매출이 올라가면 우수 영업 사원도 자연히 이에 협력하기 시작한다. 노하우가 아니라 인맥만으로 상품을 판매하는 사람은 영업 관리에 전혀 흥미를 보이지 않지만, 그런 사람은 그냥 인맥이 소진될 때까지 내버려두면 된다.

또한 회사에서 영업부를 꾸리는 것이 아니라 중국 대리점에 영업을 맡겨 놓는 경우도 있다. 차라리 그편이 영업 관리에 유리하기도 하다. 대리점의 영업 사원의 경우 우리 회사 직원이 아니기 때문에 기본적으로 의욕 있는 사람들만이 참가할 가능성이 많다.

영업 관리의 수준을 높여 성과를 내기 위해 필요한 영업 경비나 영업 사원의 성공 보너스를 중국 대리점이 내지 못한다면, 자사가 직접 대리점의 영업 사원에게 지급하면 된다. 돈 한 푼 들이지 않고 거래를 늘릴 수 있는 제안을 거절할 대리점은 없다.

44 '이론'이 아니라 먼저 '결과'를 보여 줘라

외국 기업이 중국에서 저지르는 실수 중 대표적인 하나가 '이론만으로 상대를 설득하려 한다'는 점이다. 논리나 과정 등을 보여 주면 상대가 이해하기 쉽다고 생각하겠지만, 실제로 중국에서 그런 걸로 상대를 납득시키거나 움직이게 만드는 것은 어렵다.

'이론'보다 먼저 '결과'를 보여 줘야 한다. "봐봐, 내 말대로 하니까 결과가 나오잖아."라고 말할 수 있다면 중국 직원들이 그 방식대로 일할 확률이 높아진다.

중국인 영업 사원에게 무작정 이 기업에 찾아가서 거래를 성사시키라고 업무 지시를 하는 것보다는 처음에는 같이 가서 그 방법을 보여 주는 것이 더 효과적이다.

다른 거래처에 찾아가 보라고 지시하면, "그 회사는 어차피 주문 안 해요. 매출로 이어지기는 어렵다."고 대답하는 영업 사원이 있다면, "가서 꼭 거래를 따오지 않아도 돼. 우선은 낚시든 자동차든 아무거나 좋으니까 이야기만 하고 와."라는 식으로 영업 방식을 친절하게 설명해야 한다. 바로 거래를 하지 않더라도 상대 기업의 담당자와 계속 만나면서, 아주 적은 양이라도 좋으니 주문을 받아서 연결 고리를 형성하는 방법이 영업의 기본이라는 사실을 알려 주는 것이다.

당장 커다란 제안을 건네는 기업을 우선해서 실적을 올리려는 중국인 직원에게, '이후 수년 동안 우리와 거래를 할 건수'가 많은 거래처가 오히려 더 중요하다는 것을 보여 줘야 한다. 그 후 영업 사원이 회사의 우선순위를 이해하고 이러한 방식을 따르게 되면 높이 평가하고 보너스도 주는 등의 관리가 필요하다.

이런 식으로 영업 활동이 눈에 보이게 만들면 반드시 매출이 올라가게 되어 있다. 이 단계에 오면 영업 사원들이 '이 사람의 말을 들으면 매출이 올라가고 보너스도 나오는구나'라고 생각하며 협력하기 시작한다. 이 단계까지 끌고 오는 것이 쉽지는 않지만 매출 증가를 위해서는 어떻게든 노력하는 수밖에 없다.

특히 생산재를 다루는 사업의 경우, 아무리 좋은 제품이라도 꼼수가 있거나 담당자와의 어떤 연결 고리(같은 고향 출신이라거나)가 없으면 영업 미팅조차 거절당하는 경우가 일반적이다. 그러니

미팅을 잡으려면 우선 함께 식사라도 하면서 아는 사이가 되어야
한다. 식사를 사지 않으면 다음 단계로 나갈 수 없는 상황에서, 식
대 이상의 보너스가 확실히 나온다는 보장이 없다면 중국 영업 사
원들은 당연히 움직이지 않는다.

영업 과정이 명약관화해지면 회사에서도 이러한 고착 상태를
알고 식대를 지급하고 이런 정보를 공개함으로써 회사가 자신의
영업을 확실히 지원해 줄 수 있다는 것을 보여 주면, 직원들도 더
욱 협력적으로 움직이게 된다.

TIP. 44

★ '이론'이 아닌 '성과'가 나온다는 사실을 보여 주는 것이 더욱 효과적이다.

★ 영업 사원에게는 단계를 설명하고, 실행하면 그에 따른 보너스를 준다.

45 책상 앞에서 영업 현장을 논하지 마라

외국 기업이 중국에서 영업팀을 꾸리기 어려운 이유가 또 하나 있다. 외국 기업 영업 책임자가 스스로 나서지도 않고, 앞장서서 땀 흘리며 현장에 나가지도 않기 때문이다. 중국어를 못 하더라도 현장에 가서 고객들의 얼굴색을 살피면 사무실에서 알 수 없는 생생한 정보를 손에 쥘 수 있다.

이렇게 말하면 놀랄지도 모르지만, 일본에서는 일류라고 불리는 대기업들이 중국에서 차린 현지 법인들을 보면 자사의 프로젝트 리스트조차 작성하고 있지 않은 경우가 태반이다. 현지 영업 사원들에게 물어보면 구두로 프로젝트명을 대긴 하지만, 정보로서 사내에서 공유되지 않는 경우가 많다고 한다.

'그렇다면 영업 사원들에게 프로젝트 리스트를 만들게 하면 되지 않나?'라고 생각할지도 모르지만, 중국에서는 상황이 전혀 다르다. 중국의 경우, 프로젝트 리스트를 작성하는 것뿐인데도 이게 꽹

장히 큰일이다. 중국인 영업 사원들이 자신이 담당하는 고객의 정보를 내놓으려 하지 않기 때문이다. 고객 정보를 내놓으면 자신의 거래처를 다른 영업 사원에게 빼앗길지도 모르고, 정보를 공유한다고 별도의 보너스가 나오는 것도 아니기 때문에 대부분 협력하지 않는다.

스스로 열심히 노력해서 고객 정보를 모으자

그렇다면 어떻게 해야 중국인 영업 사원들이 고객 정보를 공유하게 될까? 불행하게도 그런 방법은 존재하지 않는다. 중국인 영업 사원들에게서 해당 정보를 얻어 낼 방법은 없으니 기대하지 않는 편이 낫다.

우선 외국 기업 주재원이 스스로 노력해야 한다. 영업 사원과 함께 거래처를 방문하거나 함께 식사를 하고 커피를 마시며 이야기하는 등 접촉을 늘려서 하나하나씩 정보를 얻는 것이다.

그러나 이런 방식으로도 프로젝트 리스트를 완성하는 것은 어렵다. 영업 사원이 '정보'라고 생각하는 내용만을 알 수 있기 때문이다. 중국인 영업 사원은 '바로 커다란 안건을 줄 만한 고객' 외에는 거래처 후보로 고려하지 않기 때문이다.

아직 접근하지 않은 기업을 포함하여 우리 회사가 타깃으로 노려야 할 고객 리스트를 만들어야 한다. 만약 일본 기업이 중국에 있는 자국의 기업만 한정한다 해도, 실제로 영업 사원이 다니는 회사보다 몇 배나 되는 숫자가 나올 것이다. 이러한 미래의 타깃도 포함하여 프로젝트 리스트를 만들 필요가 있다.

정보 수집을 통해 중국인 영업 사원과 거리를 좁혀라

프로젝트 리스트를 완성했다면 각 안건에 우선순위를 정하면서 구체적인 현 상황을 관리해야 한다. 우선 타깃의 담당자 리스트(기술자, 구매 담당자, 생산 담당자 등 한 회사마다 서너 명 정도)를 만든다. 그리고 각 담당자에게 제안을 건넬 우리 회사의 영업 사원을 정하여 관계가 어떻게 진전되고 있는지 체크하는 것이다.

상대 회사 담당자의 고향이나 취미는 알고 있는지, 둘이서 개인적으로 놀러갈 수 있는 관계인지 등이 지표가 될 수 있다. 위와 같은 정보를 수집하면 프로젝트 리스트 외에도 다른 성과를 얻을 수 있다. 외국 기업 관리자와 중국인 영업 사원 간의 관계가 돈독해지는 것이다.

중국인에게는 '우리 편과 남'이라는 사고방식이 있다. 중국인의 입장에서 보면 외국인은 남이기 때문에, 이쪽에서 가까이 가려고 노력하지 않는 한 절대로 친해질 수 없다. 영업 관리 제도를 도입하기 위해 정보를 수집하는 사이 서로 커뮤니케이션도 늘고 거리가 좁혀지면 그만큼 중국 직원과의 협력 관계를 형성하기도 수월해진다.

46 손에 잡을 수 없는 당근은 인센티브가 아니다

일반적으로 중국인은 자기 이윤을 쫓는 경향이 강하다고 한다. 여기서 중국인의 '자기 이윤'은 즉 '단기 사고'를 의미한다. 그러니 현재 회사보다 약간의 금액이라도 더 많은 연봉을 제시하는 다른 회사가 있다면 직장을 그만두고 이직할 확률이 상대적으로 높은 편이다. 이런 단기 사고가 강한 중국인 직원의 이윤과 회사의 이윤의 온도 차를 맞추려면 회사가 당근과 채찍을 섞어서 사용해야 할 필요가 있다. 그중에서도 가장 어려운 것이 당근을 제시하는 방법이다.

외국 기업의 논리는 중국인 직원에게 통하지 않는다

말의 눈에 당근이 보이기만 해서는 소용이 없다. 말이 먹을 수 있는 거리에 당근을 놔둬야만 비로소 보상이 되는 것이다. 이것은 모든 사람에게도 마찬가지이다. 손에 닿을 수 있을 것처럼 가까이에 당근을 배치하지 않으면 아무런 소용이 없다. 하지만 이것을 잘하는 외국 기업은 별로 없다.

- **당근을 따낼 수 있을 때까지의 기간이 너무 오래 걸린다.**

  ex) 앞으로 5년 동안 노력하면 점장이 된다. 월급도 오른다.

- **혼자서만 노력하면 당근을 받을 수 없다.**

  ex) 팀 전체의 성적이 함께 좋아지지 않으면 보너스를 주지 않는다(그런데, 동료들에게 의욕이 없다).

- **당근의 단위가 너무 크다.**

  ex) 사업 시작 직후부터 회사의 이윤을 내지 못하면 보너스가 없다.

이렇게 설정한 인센티브 제도는 중국인 직원들의 의욕을 자극하는 데 별 효과가 없는 경우가 많다. 그렇다면 당근을 어디에 배치하면 될까?

실제로 중국인 직원들에게 '당근'을 효과적으로 제시하고 있는 중국 최대의 드럭스토어 체인 「왓슨스」의 사례를 살펴보자. 왓슨스의 각 점포에는 연 단위의 보너스와는 별개로, '전년 대비 매출'을 기준으로 하여 지급되는 월 단위의 보너스가 있다. '전년 대비 매출'로 점포의 실적을 평가하는 시스템은 많이 있지만, 대부분 '전년 대비 매출 100%'라거나 '전년 대비 매출 110%'와 같은 단위로 보너스를 지급한다. '올해는 당연히 작년에 한 만큼 실적을 올려야 한다. 작년 이상의 성과를 내야 노력했다고 볼 수 있다'는 이론이다.

그러나 이런 시스템은 시장이 팽창할 때는 잘 작동하고, 시장이 위축되거나 회사 사업이 정체되어 있을 때에는 전혀 효과가 없다. 대부분의 점포가 작년처럼 매출을 올리지 못하는 상황 속에서 '전년 대비 매출 100%는 어렵더라도, 1%라도 작년 매출 이상을 올리도록 노력하자'는 식으로 생각하는 직원은 없기 때문이다.

그렇다면 왓슨스는 어떻게 했는가?

점포의 매출이 작년 대비 85%를 넘기면 직원 한 명에게 50위안씩 보너스를 준다. 만일 작년 매출의 90%가 되면 100위안, 95%면 150위안. 노력하면 노력할수록 5%씩 받을 수 있는 당근이 늘어나는 셈이다. 이러한 인센티브 제도에서는 '적어도 작년의 85%는 채우자' '85%를 넘겨도 긴장을 풀지 말고 90%까지 가보자'는 의욕이 생기기 마련이다.

그냥 단순히 '전년 대비 매출 100%를 넘기지 않으면 보너스는 없다'는 시스템을 적용하면, 80%까지 달성한 시점에서 조금 더 열심히 해보자는 의욕은 사라지고 만다.

여기서 보너스 지급 기준을 85%로 설정하고 있는 부분을 주목할 필요가 있다. '중국 소매업의 경우, 시장의 성장 속도보다 경쟁 점포가 늘어나는 속도가 빠르다. 전년 대비 100%를 달성하는 것조차 어렵다'는 시장 상황을 정확히 인식하고, 조금 더 노력하면 달성할 수 있는 선이 85% 정도라고 예측한 후 적용한 것이다.

당연히 시장 환경에 따라 75% 혹은 90%가 적당할 수도 있다.

기준을 어디에 세울 것인지 결정하기란 어려운 노릇이지만, 어쨌든 단순하게 100%에 집착하지 않고 실제로 달성할 수 있는 수치를 제시해 주었다는 사실이 중요하다.

전년 대비 매출 목표를 제시하는 것은 직원의 의욕을 끌어올리기 위한 것인데, 매번 100%를 제시한다는 것도 이상한 노릇이다. 반대로 시장이 커지고 자사의 경쟁력이 높아지고 있다면 전년 대비 매출을 150% 정도로 해서 당근을 놔두는 것도 가능하다.

왓슨스에 주목해야 할 점은 또 하나 있다. 바로 월 단위 보너스를 직원 직급과 상관없이 전원에게 지급한다는 사실이다. 점원도 점장도 전년 대비 85%를 달성하면 똑같이 50위안의 보너스를 받는다(물론 부점장 이상으로 진급하면 연 단위의 보너스를 따로 받게 된다).

일반적인 소매 기업에서는 같은 기준을 달성했을 경우 점장에게 200위안, 점원에게는 50위안 등 직급에 따라 차별된 보너스를 준다. 그러나 중국에서는 이런 방식이 통하지 않는다. 점원이 보기에는 불공평한 분배법이기 때문이다.

'매출을 올리기 위해 열심히 현장에서 일한 것은 점장이 아니라 우리다. 우리보다 편하게 일하는 (것처럼 보이는) 점장이 나보다 4배나 더 받는 것은 불공평하다. 우리가 노력한 결과 점장이 놀면서 보너스를 네 배로 받는 거라면 괜히 열심히 할 필요가 없다.' 이렇게 생각할 수도 있다.

기존의 상식을 잊고 중국 직원의 입장에서 여러 방법을 시험해 보자

왓슨스 외에도 중국인 직원들에게 인센티브를 효율적으로 지급하는 기업이 또 있다.

중국에서 최고의 매출을 올리고 있는 「RT-MART(다룬파, 大潤發)」도 그렇다. RT-MART에서는 입사한 후 반년이면 각 직원의 연봉 10%에 해당하는 자사 주식이 무상 지급된다. 뿐만 아니라 직원이 원하면 최대 연봉 30%에 이르는 회사 주식을 살 수 있게 되어 있다. 그리고 매년 회사 이윤의 10%가 직원 주주에게 배당된다. 이러한 RT-MART의 직원 주주 제도는 회사의 욕망과 직원들의 욕망이 잘 맞아떨어진 좋은 사례라고 할 수 있다.

가치관이 다른 중국인 직원들에게 '어떤 당근을 어떻게 제시해야 가장 좋은 결과가 날 것인가'를 고민하는 것은 쉬운 일이 아니다. 하지만 우선 기존의 상식을 잊어버리고, 당근의 위치를 바꿔 보거나, 당근이 아닌 토마토를 제시해 보는 등 여러 방식을 시도해 보아야 한다. 어떤 보상을 원하는지 중국인 직원에게 직접 물어보는 것도 가장 좋은 단서가 될 수 있다.

TIP. 46

★ 중국인 직원과 회사의 이윤을 맞추려면 어떤 인센티브를 제공해야 할지 고민하라.

★ 어떤 인센티브가 가장 좋을지 중국인 직원들에게 직접 물어보는 것도 방법이다.

47 회사에 충성해야 한다는 사고방식 자체가 문제다

"중국인 직원은 회사에 대한 충성심이 없다."고 말하는 일본 경영자들이 많다. 충성심을 높이기 위해 직원들의 월급을 업계 기준보다 조금 더 높게 주거나, 복리후생 지원을 더 좋게 해봐도 그만두는 사람이 많기 때문에 '중국 직원은 정말 힘들어'라는 결론을 내는 경우가 적지 않다.

그런데 기업이 직원이 회사에 충성해야 한다는 그 사고방식 자체부터가 잘못되어 있다고 생각한다. 고도 성장기의 일본은 경제가 발전하면서 호송선단 방식(행정부가 특정 산업을 보호하기 위해 약소 기업과 보조를 맞추며, 전체의 안정을 꾀하는 것으로, 특히 제2차 세계대전 후의 일본의 금융 행정을 가리킨다―옮긴이)으로 기존 기업의 몫이 어느 정도 보장되어 있다.

그러한 환경에서는 경제 전체의 성장과 함께 자연히 증가하는 업무량을 불평 없이 감당하는 군인과도 같은 직원이 필요했다. 또한 직원도 회사가 시키는 대로 노력하면 세월에 따라 연봉이 상승하고 자신의 집도 살 수 있었다. 그러니 회사의 제안을 거스를 이유가 없었다.

회사가 시키는 대로 하는 사이, 직원은 점점 반발심을 잃고 마약이라도 맞은 것처럼 삶의 전체를 회사에 맡기게 된다. 이런 상태를 '회사에 충성심이 있다'고 표현하는 것이 아닐까?

중국인은 회사가 아니라 사람에 충성한다

실제로 중국의 일본 기업에서도 같은 일이 일어나고 있다. 시장을 찾아내고 사업을 확대할 수 있는 우수한 중국인 인재는 금방 회사를 그만두고, 무능한 직원만 남겨진다. 일본 기업에서는 성과를 내지 못하더라도 일본어를 할 줄 안다는 이유 하나로 무능한 일본인 주재원을 자르지 않는다. 그러니 열심히 하는 시늉만 내면 월급도 올라가고 직업도 유지된다. 이것이 많은 일본 기업들이 중국 시장에서 패배하는 큰 원인 중 하나라고 생각한다.

이러한 상태를 어떻게 하면 좋을까?

우선 '중국인 직원은 회사가 아니라 사람에 충성한다'는 점을 이해해야 한다. 중국에서 사업을 순조롭게 풀어 나가는 회사들을 보면 경영진이 오랫동안 바뀌지 않고 있다는 특징이 있다. 회사에는 충성심이 없어도, 경영자 개인에 대해 충성심이 있다면 우수한 중국인 인재들도 떠나가지 않는다.

이 사람만 따라가면 즐겁게 일을 할 수 있다, 이 사람 아래에서 일하면 성장할 수 있다, 이 사람과 함께 일하면 나도 성공할 수 있다……. 그렇게 생각하면 상대를 향한 충성심이 높아지고 자연히 그 사람이 이끄는 회사에도 애착이 생긴다.

직원들의 신뢰를 받고 인망이 두터운 경영자를 통해 회사를 향한 애착을 올리면 자연히 충성심도 올라간다. 현재 중국에서 직원들의 충성심을 끌어내리려면 이 방법이 가장 현실적이다.

중국의 환경 변화 속도와 혼란 상태를 생각할 때, 개인의 능력에 의존하지 않고 시스템으로 일하는 것은 아직은 불가능해 보인다. 사카모토 료마가 그랬듯이, 시대의 파도에 맞추어서 사고방식과 갈 길을 바꿀 수 있는 인간이 개인의 능력으로 배를 이끌어 가는 상황이다. 조금 지난 미래에는 중국에서도 사람이 아니라 기업 문화에 충성심을 바치는 쪽으로 바뀌어 갈 거라 생각한다.

TIP. 47

★ 중국인 직원에게 회사에 대한 충성심을 요구하지 마라.

★ 중국인 직원은 회사가 아니라 사람에 충성한다. 인망 있는 사장 밑에는 우수한 인재가 모인다.

48 썩은 사과를 상자 속에 넣으면
주변 사과들도 모두 썩는다

앞에서 소개한 「하이디라오 훠궈」는 높은 접객 서비스를 제공하여 손님 만족도를 끌어올린 레스토랑이다. 이 레스토랑의 특징은 매뉴얼 개선으로 서비스 형태를 끌어올렸다는 사실 외에도 더 있다. 바로 '직원 개인의 서비스 능력'을 높이는 문화이다.

하이디라오에는 '올바른 인재가 좋은 경험을 쌓으면서 조금씩 노력하면 반드시 경제적으로 성공할 수 있다'는 문화가 자리 잡고 있다. 하이디라오가 어떻게 이런 문화를 만들어 왔는지 살펴보자.

직원의 만족도를 높이는 것은 기본이다

하이디라오는 직원을 채용할 때 '인간성'과 '착실함'을 평가 기준으로 삼는다. 출신지, 연령, 학력은 일체 판단 기준에 넣지 않고, '선악의 기준이 회사와 일치하는가, 동료들과 신뢰 관계를 구축하고 함께 일할 수 있는가, 실력 없이 한 방에 성공을 노리는 사람이 아니라 단계를 착실히 밟으며 나아가는 사람인가'를 보고 조건에 맞는 사람을 채용하는 것이다.

썩은 사과를 상자 속에 넣으면 주변 사과들도 모두 썩게 된다. 그러므로 사람을 뽑을 때 마음가짐의 바탕을 보는 것이다(참고로 수습 기간 중에 하이디라오의 업무가 맞지 않아서 채용을 포기하는 사람들에게는 다른 회사를 소개시켜 준다고 한다).

그리고 입사한 신입 사원에게는 반드시 멘토 담당 선배를 붙여 주고, 둘이서 일대일로 업무를 보게 한다. 멘토는 신입 사원에게 56가지의 서비스를 포함하여 업무에 필요한 작업을 가르친다. 뿐만 아니라 주거나 건강 등 의식주 전반에 걸친 문제에도 도움을 준다. 직원의 의식주조차 만족시킬 수 없다면 손님을 만족시키는 서비스도 제공할 수 없다고 생각하기 때문이다.

또한 직원의 고객 만족 기술을 성장시키기 위해 모험을 하기도 한다. 보통 음식점에서 클레임이 들어오면 점장과 본사가 대응한다. 그러나 하이디라오에서는 커다란 문제가 발생하면 점장의 배지를 직원에게 붙이고(즉 지금은 그 사람이 점장이라는 뜻), 스스로 해결하도록 시킨다. '고객을 만족시킬 수 있을지 없을지 결정되는 순간'에 직원에게 책임과 권한을 주어서 스스로 성장할 기회를 부여하는 것이다.

하지만 이러면 직원의 미성숙한 대응에 고객이 더욱 화를 내거나 회사의 신용에 악영향을 끼칠 가능성도 생겨난다. 그러한 위험성을 알면서도 이러한 시스템을 운용하고 있다.

윗사람도 계속 노력해야 한다

하이디라오에서는 승진해서 관리직이 되어도 편히 쉴 수 없다. 직원 대상의 평가 기준은 '고객 만족'과 '하이디라오 문화의 이해도' 두 가지이지만, 승진해서 점점 높은 자리로 올라가면 '직원 만족'이 추가된다. 부하의 평가가 나쁘면 승진할 수 없을 뿐만 아니라, 아래로 떨어질 가능성까지도 있다(하이디라오의 사장이 정기적으로 지점을 시찰하는데, 직원 만족도가 높지 않은 점포가 나왔을 경우 점장을 강등시킨다고 한다).

게다가 하이디라오에서는 '자신이 못 하는 일을 직원에게 지시해선 안 된다'는 규칙이 있다. 상사는 부하 앞에서 솔선수범해야 하며, 가장 중요한 작업일수록 상사가 해야 한다는 문화가 정착되어 있다. 즉 점장이라면 네일아트나 구두 닦기는 물론이고 레스토랑에서 하는 모든 작업을 할 수 있는 베테랑이어야 한다.

하이디라오에서는 전 직원들이 반드시 해야 하는 대표적 작업으로 '구두 닦기'를 지정하고 있다. 지점의 전 직원이 자신의 자존심을 걸고 구두 닦는 기술을 보이는 대회를 개최할 정도이다. 점장이 매일 써야 하는 일지는 인터넷상에서 전 회사가 공유한다. 내용이 전 직원들 앞에서 공개되어 버리는 셈이니 긴장의 끈을 놓을 수가 없다.

하이디라오에서는 '꿈'도 제공한다. 출신지, 연령, 학력에 상관없이 모든 직원에게 위로 갈 수 있다는 기회를 주기 때문이다. 하이디라오는 현재 약 70여 개의 지점을 갖고 있지만, 이곳의 점장들은 모두 처음부터 시작해서 올라온 직원들이다. 가령 처음에는 지점의 식사 담당이었던 사람이 지금은 100만 위안의 연봉을 받고 있다. 관리자뿐만 아니라 전문직으로 가는 길도 열려 있다. 전문직에서 최고가 되면 점장과 같은 월급을 받는다.

노력하면 누구라도 성공할 수 있다는 사내 문화를 만들다

이렇듯 하이디라오에서는 '노력하면 누구든 경제적으로 성공할 수 있다'는 믿음, 반대로 말하면 '노력하지 않거나 열심히 일하지 않으면 성공할 수 없다'는 사내 문화를 만들어 내는 데 성공했다. 일단 사내 문화가 이렇게 흐르면 여기에 동조하는 사람만 남고, 맞지 않는 사람은 회사를 떠나가는 시스템이 자연스럽게 정착된다.

중국인에 대한 선입견을 가진 채로, 외국 기업의 표면적인 방식대로 중국에서 밀어붙이는 것은 아무 소용이 없다. 직원을 소중히 여기고, 오래도록 일할 수 있도록 배려하고, 직원이 성장하면 회사도 성장할 수 있는 문화를 키우자는 마음으로 노력하면, 중국으로 진출한 외국 기업도 접객 서비스의 수준을 끌어올릴 수 있을 것이다.

TIP. 48

★ '조금씩 착실하게 노력하면 누구나 성공할 수 있다'는 의식을 직원에게 심어 줘야 한다.

★ 외국 기업의 표면적인 방식만 중국 직원에게 강요해도 소용없다.

49 자신을 리더로 만드는 존재는 누구일까?

TED라는 세계적인 컨퍼런스에서 데릭 시버스가 '사회 운동은 어떤 식으로 일어나는가'는 주제로 강연을 한 적이 있다. 굉장히 시사하는 바가 큰 강연이다.

많은 사람들이 쉬고 있는 잔디밭에서 혼자 알몸으로 춤추고 있는 사람이 있다. 맨 처음에는 주변 사람들이 미친 사람을 보는 눈으로 그를 바라본다. 그러나 다른 구경꾼이 가세하여 춤추기 시작하자 상황이 변한다. 한 사람 두 사람 같이 춤추기 시작하더니, 지금까지 차가운 눈으로 바라보던 사람들이 끌리듯이 계속 합류한다. 결국에는 춤추는 사람들이 다수가 된다는 내용이다.

여기서 중요한 점은, 최초에 미친 것처럼 춤추던 이상한 사람을 리더로 세우는 존재이다. 그것은 처음에 춤추던 사람이 아니라, '맨 처음에 따라 춤추기 시작한 구경꾼'이다. 중국에서 외국 기업이 해야 할 역할도 기본적으로는 같다고 생각한다.

극단적으로 말하면 중국인의 눈으로 보는 외국인은 '화성인'일 수 있다. 화성인이 아무리 뭐라고 외친들 평범한 중국인들의 귀에는 마이동풍일 뿐이다. 물론 월급을 잔뜩 주고 명령하면 중국인 직원들도 어쩔 수 없이 따르지만, 화성인이 현장을 떠나는 순간부터 다시금 모든 것은 정지된다.

중국인 입장에서는 이해할 수 없는 외국 방식을 중국 조직 내에 문화로 심어서 장기간 교육 끝에 정착시키려면 방법은 하나뿐이다. 화성인 스스로가 명령만 내릴 것이 아니라, 중국인 직원들이 스스로 춤추도록 유도해야만 한다.

앞서 소개했던 중국판 1000원 숍 체인에서 일하는 일본인의 역할은 사실상 경영 개선의 전도사이다. 그 일본인은 지점을 꾸밀 때 혼자 가게에 남아서 묵묵히 물건 진열대를 정리하거나 POP 등을 만든다고 한다. 직원에게 어떤 지시를 내리지도 않고 혼자서 작업한다.

묵묵히 모범을 보여라

점포 직원 입장에서 보면 미칠 노릇이다. 상사가 보고 있는 것도 아니고, 월급도 올라가는 것도 아닌데 일부러 나서서 잘 눈에 띄지도 않는 작업을 하다니 심하게는 바보라고도 생각할 수 있다. 다른 직원들이 본사의 직원이 올 때만 잘하는 척하는 것을 보면서도 묵묵히 혼자서 작업을 계속한다. 그런 고독한 전투를 사흘 이상 계속하고 있다 보니 스스로 나서서 도와주려는 사람이 나타난다.

화성인이 그렇게까지 열심히 하는 것을 보고 흥미가 생겼거나, 진열 상태에 따라 매출이 오르는 것을 깨달았을 수도 있다. 하여간 이렇게 스스로 흥미를 가지고 따라오는 사람이 나타나면, 그때서야 상대에게 매출을 올리기 위한 현장의 팁들을 하나씩 가르쳐 준다.

스스로 나서는 직원이 생기면 다른 사람들도 줄지어서 따라오게 되어 있다.

다시 강조하지만, 중국에서 외국인은 화성인이다. 잘난 척 가르치지 말고 화성인으로서 앞서 춤을 추면 된다. 그러면서 가장 중요한 역할을 맡아 줄, '두 번째로 따라 춤을 추기 시작할 사람, 즉 외국인을 리더로 바꿔 줄 중국인'을 기다려야 한다.

TIP. 49

★ 중국인 직원이 스스로 나서지 않으면 바람직한 조직 문화를 만들 수 없다.

★ 스스로 모범을 보이고 노력하면 그 뒤를 따라올 중국인 직원은 반드시 있다.

50 다츠노 명품광장이 우루무치에서 성공한 이유

다음은 신장 위구르 자치구의 주도 우루무치에서, 1998년부터 여성 대상 패션몰 「다츠노 명품광장」을 운영하고 있는 사장 다츠노 모토노부 씨를 인터뷰한 내용이다.

신장 위구르 자치구의 우루무치란 어떤 곳입니까?

신장 위구르 자치구는 중국의 서북부에 위치해 있으며 인구는 2500만 명입니다. 일본의 4.4배나 되며, 중국에서 티베트에 이어 두 번째로 큰 지구이기도 합니다. 풍부한 지하자원(중국 땅의 석탄 중 40%, 천연 가스가 40%, 석유는 8.7%)을 강점으로 내세워 고속 성장을 계속하고 있습니다. 몽골, 카자흐스탄, 키르기스스탄에 접하고 있어 중앙아시아로 향하는 입구이기도 합니다.
신장 위구르 자치구는 실크로드로도 유명합니다. 중국에서 여행 온 사람들을 중심으로 연간 870만 명의 관광객들이 찾아옵니다. 매년 일본에 오는 외국인 관광객이 800만 명이라고들 하는데, 그것보다 더 많습니다.

민족 구성을 보면, 위구르족과 한족이 40%, 그 외에 카자브족, 회족 등 소수 민족이 있습니다. 건조한 기후라서 여름 기온이 높기는 하지만 생각만큼 덥지는 않습니다. 이 신장 위구르 자치구의 주도가 바로 우루무치입니다.

우루무치의 인구는 310만 명인데, 최근 10년 동안 30%가 늘어난 수치입니다. 한 사람 당 GDP는 4.2만 위안(2010년)으로, 하얼빈이나 서안보다 높은 수준입니다. 또한 우루무치에서는 한족이 70%(남은 30%는 위구르족을 포함한 소수 민족)를 점하고 있습니다.

우루무치에서 13년 전에(인터뷰는 2011년에 이뤄졌다) 쇼핑센터를 오픈하신 거죠?

다츠노 명품광장은 1998년, 우루무치 번화가 중심인 인민광장에 가게를 열었습니다. 그때까지 우루무치에는 도심 인프라가 아직 제대로 정착되지 못한 상태였습니다. 그런 와중에 여름에는 덥고 겨울에는 추웠기 때문에, 비교적 온도가 안정되어 있는 지하철에 가게들이 들어섰지요. 당시 우루무치에는 화려한 유명 브랜드 명품점이 없었기 때문에, 여성복 브랜드를 내세운 쇼핑몰을 개점했습니다.

다츠노 명품광장은 돌아가신 제 아버지가 시작한 사업입니다. 오사카에서 만난 우루무치 출신 유학생에게 이야기를 듣고서 '일본인이 없는 신천지에서 새로운 사업을 시작해 보자'는 것이 아버지의 생각이었습니다.

당시 외국 자본 기업들은 베이징이나 상하이 같은 중심부에나 진출했고, 우루무치는 그냥 사막 끝의 넓기만 한 변두리라는 이미지였습니다. 그런 시대에 우루무치의 가능성과 미래를 믿고 사업을 시작한 아버지는 정부에서 대환영을 받았습니다. 덕분에 많은 노력을 기울일 수 있었지요. 그 결과, 아버지는 우루무치 명예 시장이 되었습니다. 현재는 제가 회사를 이어받아 운영하고 있습니다.

13년 전 개점했을 때 가장 고생한 점은 무엇입니까?

고생한 걸 얘기하면 끝도 없습니다만(웃음), 가장 애먹은 부분은 역시 접객 서비스를 어떻게 정착시킬 것인가 하는 점입니다. 다츠노 명품광장을 처음 열었을 때, '가격도 서비스도 일본식으로'라는 특징을 내세우려고 했습니다. 그러나 일본식 서비스를 구현할 수가 없었지요.

1998년 당시, 중국에는 아직 서비스라는 개념조차 없었습니다. 비행기에 타도 레스토랑에 가도 스튜어디스나 점원이 미소조차 띄지 않는 것이 당연한 시대였지요. 손님을 대하는 서비스가 필요하다는 사실을 이해시키는 것부터 시작해야 했습니다.

그래서 일본에서 트레이너를 불러와 교육을 시켰습니다. 서비스라는 개념도 없는 상태에서 처음부터 가르치자니 정말 고생스러웠지만, 그래도 조금씩 서비스를 제공할 수 있게 되었습니다.

그 덕분에 우루무치가 풍부한 자원을 배경으로 급성장하고 부유층이 나타나기 시작했을 때에는 다츠노의 서비스 수준, 품질, 가격이 톱클래스로 자리 잡았습니다. 패션을 선도하는 기업으로 큰 반향을 불러일으켰지요.

지금까지 우루무치에서 온 중국인 여성 중에서「다츠노 명품광장」을 모르는 사람은 한 명도 본 적 없습니다. 그리고 모두 다츠노 명품광장이 오픈했을 때의 충격을 잊을 수 없다고 증언합니다. 알지도 못하는 직원이 미소로 응대하는 것 자체가 파격적인 시대였으니까요.

다츠노 명품광장의 매출은 어떻습니까?

창업 때부터 매년 매출이 오르고 있습니다. 현재는 연간 1.8억 위안의 매출을
올리고 있는데요. 점포 면적은 11000㎡, 110 지점을 두고 있고 우루무치 최
대의 여성 패션 매장입니다.
쇼핑몰에서는 20~40대 별로 구역이 나뉘어 있고, 「에스프리」 같은 서구 계열
에서부터 대만 계열, 한국 계열, 중국 브랜드까지 온갖 가게가 입점하고 있습
니다.
유감스럽게도 현재 입점한 일본 브랜드는 「시세이도」, 「아츠기」(양말, 스타킹)
등 많지 않습니다. 이후 상하이 등 중심부에서 실적을 올린 브랜드를 점점 끌
어들일 예정입니다.
또한 대부분의 점포는 브랜드 직영이 아니라 우루무치 대리점에서 운영하고
있습니다. 우루무치에 처음 진출하는 회사들에게는 저희가 유능한 대리점을
소개해 드리고 있지요.

우루무치의 점포에서는 매월 어느 정도의 매출을 올리나요?

「LANCY FROM 25」라는 40대 여성 대상의 브랜드는 작년 12월에 210만 위
안을 벌었습니다. 이것은 상하이 같은 중심부의 1급 도시에서도 올리기 어려
운 매출입니다. 시간을 들여서 고객 관리에 힘을 쓰는 가게는 착실하게 매출
을 올릴 수 있습니다.

잘라 말하기는 어렵지만, 40m²정도의 가게라면 월 15~20만 위안 정도는 벌수 있습니다.

VIP 회원 제도도 있습니까?

현재 10만 명의 VIP 회원을 확보하고 있습니다. 그중에서도 연간 10만 위안이상 구입한 플래티넘 회원이 400명 정도인데, 이것이 저희의 강점이지요. 13년 걸려서 쌓아 올린 다츠노 브랜드에 대한 신뢰감이 이러한 초우량 고객층을 끌어들인 것이라고 봅니다.

VIP 회원 중에서도, 매년 구매력이 높은 상위 20명에게는 해외여행권을 무료로 드립니다. 벚꽃이 피는 계절에 일본 여행, 혹은 대만 여행에 초대하는 것이죠. 올해는 남아프리카 여행권입니다. 또한 쇼핑몰 내에 VIP 고객 전용 룸도있습니다.

상하이 같은 중심 도시와 비교할 때, 임대료와 직원 인건비 같은 비용 면에서보면 어떻습니까?

임대료는 상하이보다 절반 이상 쌉니다. 매출의 25%를 제공하거나, 혹은 연간 5000~6000위안/m² 정도를 냅니다. 예상만큼 매출이 오르지 않을 때는다른 장소를 찾아 입점하는데, 이 회전율은 연간 20% 정도입니다.

인건비의 경우 상하이와 별반 다르지 않습니다. 판매원의 경우 매월 3000위안 정도의 월급을 받습니다.

판매원의 내적 동기는 어떻게 끌어내십니까?

판매 실적이 좋은 직원은 광장 중앙 벽에 있는 '판매 게시판'에 매월 표시됩니다. 별 하나서부터 별 다섯 개까지 있는데, 매월 올린 매출이 6~10만 위안 이상일 경우 별이 추가됩니다. 별이 하나 추가될 때마다 매월 100위안의 특별 보너스(별 다섯 개일 경우 500위안)를 회사에서 지급합니다. 매출 외에 좋은 서비스를 제공한 직원도 표시하고 있습니다.

판매원은 각 입점 매장의 직원이지만, 입점할 때 저희가 서비스 교육을 시킵니다. 매주 입점 매장의 판매원도 포함하여 전 700명이 아침 조례를 합니다.

2호점도 준비 중이시라고 들었습니다.

우루무치에서 남쪽으로 500킬로미터 떨어진 곳에 석유와 목화 산지인「쿠얼러」라는 도시가 있는데요. 이 신흥 도시에 2011년 1월 2호점을 개장했습니다. 쿠얼러를 기반으로 삼은 기업의 여성에게서 "옛날부터 제가 쇼핑을 즐겼던 다츠노가 쿠얼러에 생겼으면 좋겠다."는 러브콜을 받았거든요. 그 기업과 합작했습니다.

4층 12000m²에 140점포가 들어가 있고, 여성 패션뿐만 아니라 남성 패션과 식품관도 있습니다. 오픈 당일에 200만 위안의 매출을 올리는 등, 순조롭게 진행 중입니다.

우루무치에는 다츠노 명품광장 외에 어떤 백화점이나 쇼핑센터가 있습니까?

우루무치 중심에 있는 인민광장 옆에 우루무치 최대의「천산백화점」과「왕부정」, 조금 바깥쪽에는 「팍슨(百盛)」이 있습니다. 여성 기성복 외에도 아동 및 남성 기성복, 가전, 식료품 등을 판매하는 가족 대상 백화점입니다.

또한 중심에서 조금 떨어진 곳에 「미미백화」라는 이름의 고급 쇼핑센터가 있는 데요. 「루이비통」과 「까르티에」 등 해외 유명 브랜드가 모여 있습니다. 하지만 11000m²나 되는 넓이의 매장에 오로지 여성 대상 패션 브랜드만 모아 놓은 곳은 다츠노가 유일합니다.

기성복 외에 우루무치에 진출한 외국 기업이 있습니까?

식품에서는 「KFC」가 있고요. 「맥도날드」와 「스타벅스」는 아직 없습니다. 일본인이 경영하는 식당 체인도 없고, 편의점도 이제 막 들어온 참입니다.

지금 상황에서 우루무치에 진출한 거대 식품 체인은 모두 '우루무치에서 원재료의 대부분을 조달할 수 있는 사업'입니다. 베이징에서 기차로 34시간이 걸리고, 비행기로도 5시간은 걸리는 우루무치에 물류를 들여오는 것이 보통 어려운 작업이 아니거든요.

단 현재 건설 중인 중국판 고속열차가 개통하는 몇 년 후에는 베이징에서 우루무치까지 13시간 걸립니다. 그러면 기존 기차가 물류운송에 투입되기 때문에 교통이 개선되겠지요. 그러면 우루무치에 진출하는 식품 체인이 늘어날 것으로 예상됩니다.

우루무치에는 일본인이나 일본 기업이 어느 정도 진출했는지요?

위구르 폭동 전에는 일본인이 사오십 명 있었습니다. 그러나 폭동 이후 줄어

들어서, 지금 제가 알기로는 20명도 채 안 되는 일본인이 우루무치에 거주하고 있습니다. 유감이지만 현재 우루무치에 진출한 일본 기업은 거의 없습니다. 한국 기업이 대부분이고, 한국 음식점도 많습니다.

현재 우루무치의 인구는 310만 명입니다. 1000만 명은 되어야 대기업들이 달려들 텐데 말이지요. 하지만 인구가 불어난 후에 진출하려고 하면, 현 중국 대도시들처럼 경쟁이 심해져서 일본 기업이 활약하기 어려워질 것입니다.

아직 경쟁에 불붙지 않은 만큼 우루무치에 자리 잡을 기회가 있다는 얘기죠. 이미 다 커져서 이후 성장을 기대할 수 없는 시장에서 경쟁할 것인가, 아니면 지금은 별로라도 성장 가능성이 있는 시장에서 함께 커갈 것인가, 어떤 전략을 취할 것인지 진지하게 고민해야 합니다. 아직 시장이 작을 때 뛰어들면 자본도 적게 든다는 장점이 있습니다.

지금은 우루무치에서 일본 기업이 그다지 환영받지 못합니다. 서구 기업은 경영자가 직접 와서 이야기를 나누고 바로 다음 날 사업을 시작합니다. 그러나 일본 기업은 몇 개월이나 검토한 후에 결국 발을 빼는 경우가 많기 때문에, 우루무치 정부나 현지 기업에서 보기엔 '손잡을 수 없는 상대'입니다.

일본이 고도 경제 성장기였을 때에는 외국 기업들이 저희에게 맞춰 주었습니다. 하지만 지금은 이미 주인공이 바뀌었습니다. 일본이 상대에게 맞춰야만 하는 시대가 온 것이죠.

이후 중국에서 어떻게 사업을 진행할 것인지 듣고 싶습니다.

신장 위구르 자치구에는 좋은 자리를 잡고서도 손님을 모으는 법이나 경영 노하우가 모자라서 고전하는 회사가 많습니다. 앞으로는 쿠얼러에 세워진 2호점처럼, 지구의 유력 현지 기업과 손잡고 저희 회사의 경영 노하우를 살려서 신장 위구르를 중심으로 새로운 쇼핑몰을 세우고 싶습니다. 그를 위해 올해는 시스템 운용을 포함하여 기존 점포들의 효율화에 힘쓰고 있습니다. 또한 새로운 지점에 적용할 수 있는 운용 모델을 개발 중입니다.

(인터뷰 내용의 수치는 2011년 기준입니다.)

중국 사업에 성공하는 10가지 비결

01 중국 사업은 스포츠가 아니라 싸움이다

중국에서도 사업의 기본은 똑같습니다. 즉 '가치'와 '가격'의 교환입니다. 고객이 필요로 하는 물건이나 서비스를 경쟁보다 비싼 가격, 혹은 싼 가격으로 제공하면 사업이 성립합니다. 그럼 중국에서는 무엇이 다를까요?

가장 큰 차이는 '규정'이 다르다는 것입니다. 중국 사업에서 외국의 상식이나 외국 대기업의 브랜드 가치는 통하지 않습니다. 자국 내 사업이 K-1이라면, 중국 사업은 종합격투기입니다. 즉 심판이 보고 있지 않으면 급소를 차도 되는 진흙탕 싸움이라는 것이죠.

중국 사업에서 상대하는 것은 나태와 평화에 젖어 있는 사람들이 아니라 목숨을 걸고 승부하러 오는 중국인입니다. 그런 환경에서 경쟁하여 사업의 성과를 내려면 마찬가지로 목숨을 걸고 싸워야만 합니다. 자국의 규칙이나 상식을 기대해선 안 됩니다.

02 공무원의 말을 다 믿지 마라

중국에서는 정부 공무원, 변호사, 회계사가 하는 말을 그냥 믿어서는 안 됩니다. 가령 그가 수속을 위해 어떤 서류가 필요하다고 말했다 칩시다. 그 사람의 말에 따라 필요한 서류를 준비해서 가져 갔을 경우에도 "서류가 모자랍니다. 다시 준비해서 오세요."라는 대답이 심심찮게 나옵니다.

"예전에 한 말이랑 다르잖아!"라고 상대에게 화를 내면 "저는 그런 기억이 없는데요. 싫으시다면 이 수속은 그만두겠습니다."라는 대답이 돌아옵니다. 수속을 그만둘 경우 손해 보는 것은 상대가 아니라 이 쪽입니다.

자신의 이득에 상관없는 일이라면 아무도 진지하게 임하지 않습니다. 세 명의 전문가에게 같은 것을 질문해 보고, 각기 다른 세 사람의 대답을 스스로 재조합한 뒤, 다시 세 명에게 다른 방식으로 같은 내용을 물어봐야 합니다. 그때 세 사람에게서 같은 대답이 돌아온다면 그 이야기는 믿어도 좋습니다.

03 남에게 속는다면 속은 자신이 나쁘다고 생각하라

중국에서는 자신 외에는 믿지 않는 것이 좋습니다. 경영자가 결과를 놓고 변명해 봤자 소용없다는 것은 만국 공통입니다만, 중국에서는 특히나 그렇습니다.

믿고 있던 사람에게 배신당했다고 칩시다. 중국에서는 배신한 사람이 나쁜 게 아니라, 그런 상대를 믿은 자신이 나쁜 것입니다.

좀 더 구체적으로 예를 들면, 길에서 신호를 무시하고 달리던 자동차에 치였다고 해도 자신이 조심하지 않은 것이 나쁘다는 식의 태도를 갖춰야 합니다(법적으로는 당연히 사고를 일으킨 운전자가 나쁩니다. 그러나 중국 수준의 보상금을 받아 봤자 결과적으로 손해 보는 것은 이쪽입니다).

중국인은 기본적으로 '자신의 이득'만을 위해 움직입니다. 경찰이나 공무원조차 시민이 아니라 자기 자신을 우선합니다. 회사의 직원이라면 말할 필요도 없이 회사보다 자신을 우선합니다.

고객에게 배달해야 하는 상품이 유통처의 실수로 늦어진다고 합니다. 아마도 대부분의 국가에서는 유통처를 타박하고, 다른 유통처를 찾는 한편으로 고객이 피해를 입지 않도록 이런저런 조치를 취할 것입니다. 하지만 중국인은 다릅니다. 상품 배달이 늦어지는 것은 자기 잘못이 아니라 유통처 문제이니, 고객이 아무리 피해를 입어도 자신과는 상관없다고 생각합니다.

일본의 경우, 예상치 못한 사고에 휘말려도 나중에 "내가 피해자다."라고 주장하면 공적 기관을 포함하여 제3자의 도움을 받을 수 있습니다. 그러나 중국에서는 아무도 도와주지 않습니다. 자기 몸은 스스로 지켜야 합니다. 일이 터진 후 다른 사람에게 책임을 전가하지 말고, 처음부터 결과를 좌우하는 변수를 최대한 조정할 수 있도록 노력을 기울일 필요가 있습니다.

04 월말에 지불한다는 말을 믿지 마라

중국에서 사업하는 외국인들 대부분이 "중국 기업이 대금을 지불하지 않는다."고 불평합니다. 하지만 이것은 "제가 사업을 잘 못합니다."라고 소리치는 것이나 다름없습니다.

중국에서는 '대금의 지불'과 '상품의 입고'가 조금 색다른 의미를 가집니다. 돈과 상품을 교환한다는 것은 일종의 인질 교환과도 같습니다. 인질을 상대에게 넘긴 순간 저쪽이 주도권을 쥐게 됩니다.

돈을 지불한 후에는 이제까지 싱글벙글 웃으며 자신의 말대로 움직이던 거래처의 태도가 돌변합니다. 상품을 고객에게 건네주면, '돈을 받고 싶으면 내말대로 해'라는 식으로 갑자기 강경해지는 것이죠. 중요한 것은 상대의 협력 없이 해결할 수 없는 문제가 발생한 시점에서는 이미 패배했다는 사실입니다.

상품이나 서비스를 중국 상대 기업에 넘기고서 월말에 한꺼번에 지불받는 방식은 그야말로 아마추어식입니다. 중국 기업에게 얕보일 테니 당연히 대금도 들어오지 않습니다.

중국 사업은 총성 없는 전쟁과도 같습니다. 돈을 먼저 받은 후에 서비스나 상품을 내주어야 합니다. 선불이 통하지 않는 상품이나 서비스는 중국에서 그다지 가치가 없다는 뜻입니다.

05 사업은 7배속으로

중국에서는 갑자기 기회가 왔다가도 순식간에 사라져 버립니다. 기회를 잡으려면 일기일회의 마음가짐으로 살아야 합니다. 기회가 크면 클수록 같은 것을 노리는 라이벌도 많습니다. 게다가 그 라이벌 중에는 세계적으로 유명한 글로벌 기업이나 현지의 이득을 노리는 중국 기업들도 섞여 있습니다. 따라서 기회의 여신은 회사가 검토하는 한 달 뒤까지 얌전히 기다려 주지 않습니다.

중국에서는 일단 시도해 보는 것이 중요합니다. 해보지 않으면 성공할지 어떨지, 어떤 위험이 있는지 알 수가 없기 때문입니다. 책상 위에서 수개월, 일 년 걸려 세밀한 전략을 세웠는데도 시간과 돈만 버리고 물거품이 되는 경우도 많습니다.

그러다 보면 사업 환경이 변하고, 점점 경쟁 상대보다 뒤처지게 됩니다. 도저히 빼놓을 수 없을 만큼 본질적인 사전 검사만 하고, 최악의 경우만 검토해 본 후 받아들일 수 있는 수준이면 일단 진행해야 합니다. 잘 되지 않으면 바로 중지하든가 우회하면 되니까요.

경쟁이 심하고 상상 외의 문제가 연발하는 혼돈 속 중국에서 빨리 사업을 진행하는 것은 정말로 중요한 일입니다. 실제로 중국에서 사업을 하다 보면 피부로 느껴집니다. 일주일 걸릴 일을 하루 동안 다 해내야 합니다. 즉 7배속으로 일을 해야 한다는 것입니다.

06 중국인의 '동료'가 되라

일반적으로 중국인은 자기 주변의 사람을 두 그룹으로 나눠서 생각합니다. 그중 하나가 가족이나 친구 같은 '내 사람' 그룹. 다른 하나는 그 밖의 기타 등등인 '바깥 사람' 그룹입니다.

그리고 상대가 '내 사람'인지 '바깥 사람'인지에 따라 태도가 명

확하게 달라집니다. 바깥 사람과 일할 때는 자신의 이익만을 보고 움직입니다만, 내 사람과 있을 때는 자신의 이득을 희생해서라도 장기적인 신용 관계를 쌓아 올리려고 합니다.

외국 기업이 중국에서 싸우려면 중국인(중국기업)과 파트너로서 힘을 합쳐야만 합니다. 그 파트너십을 표면적이고 단기적인 이윤만으로 뭉친 관계로 만들어서는 안 됩니다. '장기적인 신용을 전제로 한 윈윈 관계'인 '내 사람'으로 발전시키는 것이 중요합니다.

07 시간과 정열을 들이는 진정한 파트너를 찾는다

중국인의 '내 사람' 카테고리 안에 들어가는 것도 중요합니다만, '누구'의 사람으로 여겨지는가도 굉장히 중요한 문제입니다.

좋은 파트너와 사업을 하게 되면 중국 비즈니스의 기회도 넓어지고 위험성도 줄일 수 있습니다. 같이 일하는 파트너를 선택할 때 중국 사업의 성공 가능성이 정해진다고 말해도 과언이 아닐 정도입니다. 그럼 누구를 파트너로 선택해야 할까요?

일본인이라는 이유로 일본 사업을 잘하는 것이 아닌 것처럼, 중국인이라고 해서 중국 사업을 잘한다는 보장은 없습니다. 우연히 알게 된 중국인을, 중국인이라는 이유 하나로 파트너로 삼아서는 안 됩니다. 이 사람에게 배신당한다면 어쩔 수 없다고 생각할 정도로 믿을 수 있고, 서로 사업을 윈윈할 수 있는 파트너를 찾아야 합니다. 오랜 시간이 걸려도 좋으니 그런 사람을 찾아내 사업해야 합니다.

당연히도 그렇게까지 믿을 수 있는 파트너를 바로 찾기란 어렵습니다. 중국인끼리도 마찬가지입니다. 사업에 성공한 중국인은 오랜 시간 동안 점점 거래량을 늘려가면서 상대를 파악하는 신중함을 지니고 있습니다. 그러는 와중에도 실패를 반복합니다만, 그러면서 최종적으로 파트너를 낙점하는 것입니다.

올바른 파트너를 찾아내기 위한 투자는 나중에 몇 배로 돌아옵니다. 좋은 사람 곁에는 좋은 사람이 모이고, 그렇지 않은 사람 곁에는 비슷한 사람들만 있기 때문입니다.

여기서 말하는 중국인 파트너는 사업적인 의미만 갖지 않습니다. 고객, 거래처, 직원 등 중국에서 사업할 때 필요한 사람들을 전부 포함해서 말하는 것입니다. 자신의 팀에 썩은 귤을 포함시키면 좋은 귤은 도망치고 나머지는 썩어 들어갑니다. 중국인은 결정하는 속도가 매우 빠릅니다.

일부러 강조할 필요가 없을지도 모릅니다만, 파트너를 고를 권리는 우리 회사뿐만 아니라 상대에게도 있습니다. 좋은 파트너를 고를 뿐만 아니라, 파트너로서 선정받을 수 있도록 자신을 돌아봐야 합니다.

08 중국 일은 중국인에게 맡겨라

좋은 중국 파트너를 찾아내면, '바깥 사람'인 중국인들과의 이윤 거래는 파트너에게 모조리 맡기는 편이 낫습니다. 7배속으로 움직이지 않으면 이길 수 없는 중국 시장에서 외국인이 중국 방식에 참견하는 것은, 딱히 합리적인 이유가 있지 않는 한은 손해가 훨씬 큽니다.

중국의 사정을 잘 모르는 외국 본사 사람이 중국 사업의 의사 결정권에 필요 이상 간섭하는 기업이나, 기업 특유의 계획표 때문에 사람을 제대로 굴려 보지도 못하고 백기를 드는 기업도 적지 않습니다.

현재의 중국 시장은 고속 성장이 계속됨에 따라 세계의 기업들이 뛰어드는 전장이 되고 있습니다. 이런 곳에서는 '좋은 중국인을 파트너로 골라서 그 사람에게 일임'하는 편이 성공의 확률을 높입니다.

09 최고 경영자도 아래의 시선을 배워라

중국인과의 거래를 신용하는 동료 파트너에게 맡길 수 있다면, 사업은 잘 돌아가기 시작합니다. 24시간 360도를 살펴보며 경계하지 않아도 되기 때문에 일단 안심할 수 있습니다. 그러나 방심해서는 안 됩니다.

이렇게 번 시간은 중국인 파트너와의 관계를 지켜 내고 강화하기 위해 써야 합니다. 기존의 중국인 파트너와 친밀해질 뿐만 아니라 새로운 파트너를 찾는 일에도 힘을 기울여야 합니다. 아무리 믿을 수 있는 사람이라도 100% 믿을 수 없는 것이 중국 땅입니다.

그러려면 데이터 등을 찾아보며 이상이 발생하지 않았는지 주기적으로 모니터링하는 것보다는 직접 현장에 가야 합니다. 그곳에서 오감으로 현실을 느껴 보려는 노력이 필요합니다. 실제로 사업에서 성공한 중국인 경영자들은 모두 치밀하고 더 세밀한 곳까지 살펴보는 사람들입니다. 가치관도 다르고 개인주의인 중국인들을 하나로 모으려면 당연한 자질입니다.

또한 경영자로서 중국 사업에 발을 들인 이상, 최고 경영자가 '바깥 사람'인 중국인들의 시선을 이해해야 합니다. 규정을 무시하는 싸움에도 때로 얼굴을 들이밀어야 합니다. 중국에서 위험을 관리하려면 스스로 감을 익힐 필요가 있습니다. 마찬가지로, 해외에서 유학해서 장기간 중국으로 돌아가지 못한 중국인들 역시 아무리 우수해도 막상 중국 사업에 투입되면 도움이 안 되는 경우가 많습니다.

10 인맥은 쉽게 생기지 않는 법

중국은 법치 국가이긴 합니다만, 사업 현장에서는 아직까지 인맥이 더 중요한 나라입니다. 그러므로 인맥이 있는가 없는가로 하늘과 땅만큼 사업 효율이 달라집니다. 인맥 없이 정면 돌파하여 사업을 하는 것은 초보나 저지르는 짓입니다.

단 '내 사람'끼리의 진한 연줄인가, '바깥 사람'끼리 이득만 보고 뭉친 성질의 것인가를 확실히 판단하고 이용해야 합니다. 그렇지 않으면 역효과가 나기 때문에 주의하기 바랍니다.

중국에서 사업하다 보면 "나는 XX시의 정치 고관을 안다."거나 "중국 거대 기업의 사장과 아는 사이이다."는 내용을 자랑하며 접근

하는 수상한 중국인을 많이 만나게 됩니다. 이런 사람을 덥석 믿어서는 안 됩니다. 그 사람과 정치 고관은 얼마나 깊게 아는 사이인지(동지인지), 그리고 나와 그 사람은 얼마나 깊은 관계인지를 확인할 필요가 있습니다.

"우리 회사 사장은 정치 고관과 아는 사이니까 무슨 일이 있으면 도와줄 것이다."라고 말하는 주재원들이 많습니다. 그러나 정말로 곤란한 상황이 왔을 때, 그 정치인이 자신을 버리면서까지 도와주려 할까요?

인맥은 공짜가 아닙니다. 동지 관계의 인맥은 장래의 '신용'을 담보 삼아 형성되는 것입니다. 그러니 인맥은 강하면 강할수록 간단히 생겨나지 않습니다.

이상으로 중국 사업에서 실패하지 않는 10가지 비결을 설명했습니다. 중국인의 행동을 보고서 '우리랑 다르니까 이상하다'고 결론 내려서는 아무것도 할 수 없습니다. 그러한 행동을 하게 만드는 논리를 이해해야 합니다. 사람에 따라서는 중국인들의 단순한 논리가 이해하기가 더 쉽다고 느낄지도 모릅니다. 중국인의 합리성을 이해하고, 자신들의 무기를 어떻게 살릴 것인가, 어떻게 위로 향할 것인가를 궁리해야 한다고 봅니다. 그러면 중국 사업의 위험성도 어느 정도 조정할 수 있고, 기회도 많아집니다.

중국 사업의 다변성은 모든 기업에게 주어지는 시련입니다. 서구 기업도 중국 국내 기업도 조건은 마찬가지입니다. 그런 동일한 조건 속에서 승리할 수 있는 기업이 되도록 노력해야 합니다.

옮긴이 장은선

중앙대학교 일어일문학과를 졸업하고 일본으로 건너가 가수 JAM Project의 스태프로 일하던 중, 2011년에 동일본대지진을 경험한 것을 계기로 일을 그만두고 세계여행을 다녀왔다. 현재 일본어 통역 및 번역, 집필 활동을 하고 있다. 『어쩌다 중학생 같은 걸 하고 있을까』, 『아무것도 바라지 않는 기도』 등을 번역했으며, 『노빈손 슈퍼영웅이 되다』, 『노 보더』 등을 썼다. 『밀레니얼 칠드런』으로 2014년 제8회 블루픽션상을 수상했다.

스타벅스는 왜 중국에서 유료회원제를 도입했을까?
요우커를 넘어 중국 소비자와 시장을 공략할 50가지 팁

글 에구치 마사오 **옮긴이** 장은선
발행일 2015년 5월 30일 초판 1쇄
발행처 다반 **발행인** 노승현 **출판등록** 제2011-08호(2011년 1월 20일)
주소 서울특별시 금천구 가산디지털1로 196 1003호(가산동, 에이스테크노타워 10차)
전화 02) 868-4979 **팩스** 02) 868-4978
이메일 davanbook@naver.com
블로그 http://blog.naver.com/davanbook
페이스북 www.facebook.com/davanbook
한국어판 출판권 © 다반 2015
ISBN 979-11-85264-08-0 03320

다반-일상의 책